名师名校名校长

凝聚名师共识
回应名师关怀
打造名师品牌
培育名师群体

拣儿童多处行

融诚语文读写时光

陈 荣 / 著

中国出版集团　现代出版社

图书在版编目（CIP）数据

拣儿童多处行：融诚语文读写时光 / 陈荣著. —

北京：现代出版社，2022.4

ISBN 978-7-5143-9861-8

Ⅰ.①拣… Ⅱ.①陈… Ⅲ.①小学语文课—教学研究

Ⅳ.①G623.202

中国版本图书馆CIP数据核字（2022）第047429号

拣儿童多处行：融诚语文读写时光

作　　者	陈　荣
责任编辑	袁　涛
出版发行	现代出版社
地　　址	北京市安定门外安华里504号
邮政编码	100011
电　　话	010-64267325　64245264
网　　址	www.1980xd.com
印　　制	北京政采印刷服务有限公司
开　　本	710mm×1000mm　1/16
印　　张	10.25
字　　数	164千字
版　　次	2022年4月第1版　　2022年4月第1次印刷
书　　号	ISBN 978-7-5143-9861-8
定　　价	58.00元

第一辑

我与语文课堂有个
美丽的约会

寻觅·守望

三尺讲台寻阳春白雪

一卷诗书觅华月芳年

在杏坛耕耘的岁月里

每一个不经意的瞬间

你都能发现

浸润心底的每一粒种子

都在悄然无声地萌芽

弯弯腰

拾掇流失在年轮深处的麦穗

回回眸

凝视玉立在荷塘中央的莲花

还有摇曳在春风怀里的芳草

……

这一切的一切

总令我们沉醉

总让我们守望

　　"昨夜西风凋碧树。独上高楼，望尽天涯路。"我想，对于小学语文，我又何尝不是如此呢？许多新教师总爱问我这样一个问题："陈老师，课堂教学有几个环节？每个环节应该怎么去上？"面对教师们这样的提问，我在思考：课堂是一个整体，每个环节之间都有着很多关联，按理说是不能像独立个体一样对其进行分割的，但是要想指导新教师入门，总得找到一些切入的点，一个部分一个部分地去攻克……

优化课堂教学结构

很多时候，年轻教师对课堂教学的模仿更多的只是关注局部和教学形式，他们在进行课堂教学呈现时总觉得整体不得法。如何处理这些问题，我想，我们是需要再好好地对课堂的教学结构有一个科学而又全方位的认识的。我们需要从整体目标出发，研究课的各个组成部分之间的相互联系、相互结合和相互制约的规律，在一个合理的课堂教学"结构"之下去优化教学策略，在这样一个立体的建构之下，才可能将教育思想、教学内容和教学方法统一起来，实现对学生"活"的引导，从而达到让课堂教学中的教学主体、教学活动和教学效果之间相互协调、相得益彰的目的。

我将课堂分为"课堂的导入""课中的实施"及"课堂的结课"三部分，和大家聊聊那些看似有"谱"的课堂教学，都是如何进行各环节优化的。

轻叩心扉，引生入境

——谈谈新课导入

俗话说，"良好的开端是成功的一半"。一堂好课，往往一开始就能牢牢地抓住学生的心。教师巧妙而又智慧的一引，如轻叩心扉一般，能激起学生的兴趣，引起学生的思考，唤醒学生主动参与课堂的积极性。正如著名特级教师于漪所说："课的开始好比提琴家上弦、歌唱家定调，第一个音定准了，就为演奏或歌唱奠定了基础。上课也是如此，第一锤就应敲在学生心灵上，像磁石一样把学生牢牢地吸引住。"

但是，一般情况下，学生进入课堂之初，大多仍游离于课堂之外，思维如脱缰之马，很难一下子聚集精力于课堂之上。这时候，教师如何进行有效的"课前导入"，去炼好这块能激起课堂千尺浪的"磁石"，使烦琐、空洞、无趣的课前导入变得简明、实在和有趣呢？结合自己多年的课堂观察，我觉得，可以从以下几个方面进行尝试，以找到那把开启学生心灵的钥匙。

一、删繁就简

删繁就简，就是要切住文本的灵魂，找到牵一发而动全身的开门之钥，简洁明了，目标明确，用学生喜欢的方式轻轻松松引生入境。下面，我们一起走进这两位教师的导入。

陈艳老师是这样进行统编教材六年级上册《花之歌》的导入的。

师：同学们，你们喜欢花吗？

生：喜欢。

师：好，请看大屏幕，我们一起走进花的世界。（师播放各种花的视频）

师：欣赏了这些美丽的花，你想说什么？

生：这些花真美！

师：是呀，一朵朵娇艳美丽的鲜花，带给我们美的享受。

生：老师，我觉得自己好像也是花丛中的一朵，有翩翩起舞的感觉。

师：你就像《花之歌》的作者纪伯伦一样，有细腻的感受。课前，你们收集纪伯伦的资料了吗？谁来分享一下？

生：纪伯伦，黎巴嫩作家、诗人、画家，是阿拉伯文学的主要奠基人。

生：他的主要作品有《泪与笑》《先知》《折断的翅膀》等。

师：是呀，他还是20世纪阿拉伯新文学道路的开拓者之一。

师：今天这节课，我们将一起走进他的《花之歌》，去感受他笔下那有生命、有灵性，和自然万物和谐共处，又闪烁着理性光芒的花之世界吧！（师板书课题，生读题）

师：读课题的时候，我们可以边读边想象，当我们的眼前有景时，读就会又有变化。好，再来一遍。

（生齐读课题）

师：很好，这是一篇略读课文，那我们一起来回忆一下怎样去学略读课文。

……

从陈老师的这个导入中，我们看到了三个策略：一是创设情境，播放花的视频，调动学生的学习兴趣，通过直接的视角吸引，引生入境。二是通过引导学生交流收集的作者的资料，让学生走近作者，亲近作者，知道作者是20世纪阿拉伯新文学道路的开拓者之一，从而心生崇拜，为能读到他的作品感到幸运，从而激起学生的阅读期待。三是老师指导学生读好课题，需要想象画面，并交流怎样学好略读课文，勾连学生的学习已知。

我们再一起来看一下文元芳老师在执教统编教材四年级下册口语交际《朋友相处的秘诀》时的导入。

师：同学们好！

生：老师好！

师：我发现你们叫老师时叫得很甜，就像和朋友打招呼一样！

（全班学生会心地笑）

师：好，那你们来说说，什么样的人才算得上是朋友？

生：有困难时能帮助你的人叫朋友。

生：和自己心意相通的人是朋友。

……

师：看来同学们对朋友各有各的理解。你们都有朋友，对吧？那你的朋友都是谁呢？想不想看看老师猜得对不对？

生：想。

师：请同学们看一看、找一找你的朋友。（师播放班上学生与朋友相处的照片）

（生观看）

师：从屏幕上看到自己与朋友相处，又是另外一种感觉，对吧？这些图片勾起了你的哪些记忆呢？又让你想起了自己与朋友之间发生的哪件事呢？

生：我想起有一天下大雨，我没带伞，我和我的朋友一起打伞，他总是把雨伞向我这边倾斜。

生：我想到了我的朋友每天都会很幽默地给我讲笑话，让我很开心。

……

师：听到你们说的都是和朋友之间发生的愉快而美好的回忆，那与朋友相处，有没有不愉快的事呢？如果出现了不愉快，又该如何去面对呢？

师：其实，与朋友相处是有秘诀的。（师相机板书课题，生读题）

师：好，那这节课我们就一起来聊一聊"朋友相处的秘诀"。

短短三分钟的时间，我们看到了文老师采用以下策略引生入境：一开课就与学生谈话，亲切自然，一下子拉近了师生之间的距离。然后老师用一组学生之间相处的照片引出"朋友"的话题，创设了"聊朋友"和"聊与朋友之间的故事"的情境，学生在回忆中兴趣盎然。这时，老师相机质疑：那与朋友相处，有没有不愉快的事呢？这一问，贴近生活，聚焦关键，让学生直面与朋友相处时也会发生不愉快，从而激活学生的思维，打开学生的话匣子。接着老师又追问：如果出现了不愉快，又该如何去面对呢？顺势紧扣主题并导入新课，师相机板书课题"朋友相处的秘诀"。

这样的导入，真可谓一石激起千层浪，渐入佳境，层层深入，而老师却巧妙地不留痕，做到了水到渠成。

我想，删繁的过程其实就是求简的过程，在不断去做减法的时候，增加的是对课堂的思考，对学生的关注，对知识与知识间如何勾连的尝试。所以，这样的导入简约而不简单，犹如出水芙蓉，简明、自然、和谐，犹如春天的空气一样清新，让人心旷神怡。

二、去空求实

在课堂导入的时候，许多教师都难逃空洞无味的藩篱，花了很长的时间，设计了很多与教学无关的海市蜃楼，让学生听得云里雾里。这些做法，正如余秋雨先生所说："以空求实，无异于以假求真。"所以，我们需要去空求实，让学生够得着，达得到，使引导有效，落实有方。

下面，我们一起来看看陈淑彬老师在执教统编教材五年级上册《将相和》时是如何导入的。

师：同学们，你们喜欢玩游戏吗？

生：喜欢！

师：那请准备好了，我们一起来玩"连词成句地读"的游戏，好吗？

生：好！

师：老师出示一组词，每一个词在一张幻灯片上闪现1秒后又到下一张，老师停止播放时，请你把刚才出现过的词连起来说一句话。明白了吗？

生：明白了。

（师播放词条，迅速翻页）

（生观看）

（师指名汇报）

师：刚才同学们的表现很好，现在进行升级，词语由原来的两字词变成了三字、四字词，且一张幻灯片上不仅仅是一个词，还敢挑战吗？

生：敢！

师：那请同学们集中注意力，认真看且不要念出声。

（闪现一组词后，让学生说说刚才看到了什么内容）

师：同学们，刚才的游戏可以说明，咱们人的眼睛是可以看清楚多个有意义的词语或句子的。

师：今天这节课，我们继续学习提高阅读速度的方法，要求要尽量做到连词成句地读，不要一个字一个字地读。通过刚才的游戏，你们有信心达到这个要求吗？

生：有！

师：好，那我们就运用这样的阅读方法一起走进《将相和》。（师板书课题，生读课题）

课堂导入除了引生入情入境外，还需要有实效。陈老师的这个导入，关注语文要素，关注学生学科素养的形成，用游戏的方式让学生感知什么叫作"连词成句地读"，为提高阅读的速度做好铺垫，同时通过在一张幻灯片上呈现多个词，让学生体会什么叫作"扩大自己一眼看到的内容的范围"。对训练点用游戏的方式进行训练，让学生乐在其中，主动参与。

我们来看看高红老师在执教统编教材五年级上册第二单元《冀中的地道战》时的导入。

师：同学们，看着这个题目，认识这个"冀"字吗？

生：冀（jì）。

师：是哪个省的简称？

生：河北。

师：读了课题，你了解了哪些信息？

生：这个地道在河北省的中部。

师：你又产生了哪些疑问？

生：地道的结构是什么样子的？怎样用来打击敌人？

生：为什么要修筑这样的地道？

师：你们提出的这些问题非常有探究的价值。今天这节课，我们除了去探寻地道战的设计、构造、功能以外，还要关注本单元语文要素的落实。这一课，我们需要"带着问题，用较快的速度默读课文，记下所用的时间"。

师：来，咱们再读一读课题。（生齐读课题）

师：好，让我们一起走进文本，去感受在中国共产党的正确领导下的，伟大的冀中人民无穷无尽的智慧吧！

高老师的导入注重引导学生从题目中提取信息，进行质疑，并引导学生聚焦课时目标，开门见山，去空求实，使新课导入环节真正服务于整堂课的教学，让导入落到实处。

三、妙趣横生

我觉得语文教学就要给学生以"趣"味，让学生能很快地安静下来。这时候，教师抓住有利时机，将学生的无意注意转换到有意注意上来，引导学生轻松入境。正如于永正所说："语文教学应当充满情趣。只有情趣盎然的课堂才能激发学生的学习兴趣，只有情趣盎然的氛围才能引领学生进入语文的自由王国。"是的，妙趣横生的课堂导入，总能在不自觉中让学生的思维活跃起来，进入一种主动学习的状态。

万甜老师在执教《黄山奇石》时是这样导入的。

师：同学们，明代旅行家徐霞客曾发出这样的感叹：五岳归来不看山，黄山归来不看岳。那黄山到底是一座怎样的山呢？（指名说）

师：那咱们一起跟随视频，走进黄山风景区。（师播放视频，学生欣赏黄山的云海、黄山的奇松、黄山的温泉和黄山的奇石）

师：欣赏了黄山风景区的美景，有什么感受？

生：太美了！

生：好想去那里！

师：是呀！黄山甲天下，松与石最奇。这节课，我们就来了解黄山的奇石。跟着老师一起写课题。（师相机板书：黄山奇石。生读课题）

师：读了课题，你发现了什么？

生：老师，我发现你把"奇"字写得比其他的字要大。

师：猜猜为什么呢？

生：因为这黄山的石头太特别了吧？

师：还有吗？

生：有，可能还很奇怪。

生：是不是也很奇妙呢？

师：到底黄山的奇石有多奇呢？就让我们一起走进课文吧！

万老师以学生为中心，强调学生的主体地位，深知学生的心理，一开课便用带着学生去"旅游"的方式激发学生的学习兴趣。在创设的情境中欣赏了黄山风景区以后，万老师话锋一转，便导入课题——黄山奇石。然后万老师又借板书中对"奇"字的处理，引导学生围绕"奇"说开去。短短几分钟，让学生

9

兴趣盎然，对接下来的学习充满了期待！

精妙的课堂导入，可以激发学生探索的欲望，找到一个能撬动课堂教学的支点。既省心、省力、省时，又能高效地开启课堂学习之旅。高效正是新课导入教学追求的境界。

吴彬老师执教统编教材三年级上册第二单元略读课文《听听，秋的声音》，在开课时，他是这样引导学生进入秋天的美妙情境的。

师：同学们，现在什么季节？

生：秋天！（全班大声回答）

师：秋天是一个怎样的季节？请你说一说。

生1：秋天是一个美丽的季节！

生2：秋天是一个收获的季节！

生3：秋天是一个瓜果飘香的季节！

师：是啊，在这样美丽的季节里，请你们闭上眼睛，听听，秋的声音，发挥想象，看看能想到什么样的画面？（播放秋天的各种声音：秋风扫落叶的唰唰声、蟋蟀的琴声、大雁的叮咛）

生闭眼聆听、想象。

师：看你们一个个听得那么专注，那么入神，相信秋天的很多画面已经进入了你的眼帘，说说吧！

生1：一阵秋风拂过，树上的黄叶慢悠悠地飘落，像无数酒醉的黄蝴蝶在空中飞舞，真好看。

生2：我仿佛看到几个孩子在篱笆下提着灯笼捉蟋蟀，不远处，蟋蟀们正在秋天的夜晚陶醉地弹琴。

生3：秋高气爽，天高云淡，一群大雁正排着整齐的队伍往南飞去。它们一边飞行，一边语重心长地对草丛里的虫子说："小虫，小虫，秋天到了，天气凉了，记得要多吃蔬菜，多吃水果，把自己吃得白白胖胖的，等到明年春天，我会飞回来吃你的！"

师：好一阵凉爽的秋风，好一种会弹琴的蟋蟀，好一群贪吃的大雁！乘着你们想象的翅膀，老师也被你们带进了秋天美妙的情境里。在美丽的秋天，还有很多美妙、好听的声音。这节课，让我们继续循着秋的脚步，一起学习《听听，秋的声音》。（板书课题：听听，秋的声音）

"一切景语皆情语。"一开课,吴彬老师便把学生带进美妙的秋景之中,既让他们领略秋之美,对本单元的人文主题"秋之韵"加深印象,又调动他们的生活积累,为本单元的语文要素"运用多种方法理解难懂的词语"埋下伏笔,单元整体教学的意识得到了很好的体现。

接着,吴老师顺势紧扣主题做小结:借用学生的想象表达自己也被带进了秋天美妙的情境里,顺势引出《听听,秋的声音》还有很多美妙、好听的声音,激发了学生的学习兴趣和阅读期待。

导入是课堂教学中引生入境的关键环节,只有精心地设计和精妙地运用导入艺术,才可能在妙趣横生的同时做到删繁就简、去空求实。让学生在默默地、专心致志地投入课堂的同时,在一种毫不需要介意的轻松关系中相互帮助、相互学习。这样的状态能更好地激发学生的学习兴趣,唤起学生学习的自觉性和创造性,让学生快乐、主动地参与到后期的学习中来。

以生为本，课堂大美

——谈谈课中实施

　　教育的本质是要促进人的全面发展，以学生的发展为根本，是每个教育人应该思考和努力践行的理念。它绝不是一张张令人满意的试卷，而应该是捧出一个个鲜明而富有个性的活生生的人。真正的教育不仅仅是传道授业解惑，更应该是对生命的尊重、关爱与敬畏。聚焦课堂，又何尝不是这样？然而，反观我们的课堂，却少了些俯下身来教学生，沉下心来做教育的姿态。课堂也在无形之中变得僵化而功利，失去了本真的味道。试想，如果我们这样去追问一堂课：这堂课的"以生为本"体现在哪儿？哪些地方教师真正关注到了学生？我们的课堂摒弃那些华丽的包装之后还剩下些什么？很多教师是没有底气和勇气来侃侃而谈的！如何践行"以生为本"的理念，这是长久以来教师们都倍感迷惘的问题。结合自己对课堂的观察和思考，我认为可以尝试从四个维度来实践。

一、设计之准

　　"删繁就简三秋树，领异标新二月花。"大道至简，课堂亦是如此。如何在有限的40分钟内创造更多的课堂价值？我们先来看看下面的教学案例。

　　陈艳老师在执教三年级上册《快乐读书吧·在那奇妙的王国里》时，在引导学生掌握并运用"阅读小贴士"中的两个读书方法时，做到设计精准，有的放矢地对教学内容进行了合理取舍，并优化了教学的策略。

　　《在那奇妙的王国里》教学片段。

　　导读《拇指姑娘》片段，指导阅读策略。

师：仔细读这本书的封面，说说你还看到了什么。

生：我发现封面上的是《拇指姑娘》这个故事的插图。

师：我猜你读过这个故事，还有哪些孩子读过？（很多学生举手）

师：（出示故事情节图）说说故事中最吸引你的是哪个情节。（生自由交流）

生1：我最喜欢的是拇指姑娘救燕子的这个情节。

师：是的，读到这个地方，老师也很感动。

生2：我最喜欢拇指姑娘和王子在一起的这个部分。

生3：最吸引我的是她坐在鸟儿的背上，一起去往温暖的国度这个部分。

阅读任务一：学生自由阅读教材中《拇指姑娘》的片段，勾画出奇妙、有趣的场景。

1. 自由读，交流阅读感受

师：是的，老师也觉得这个部分最奇妙、最有趣，书上第43页就有一个片段，请你们自由读，勾出你觉得最奇妙、最有趣的地方。（生自由读并勾画句子）

师：哪些地方让你感觉最奇妙、最有趣，请读一读。（生汇报读）

生：……

2. 抓关键句子，引导学生大胆想象

生：我觉得最奇妙、最有趣的地方是：燕子就这样飞到空中，飞过了森林，飞过了海洋，飞过了常年积雪的高山。

课件凸显关键句：它们飞到空中，飞过了森林，飞过了海洋，飞过了常年积雪的高山。

师：想象一下，它们飞过森林会看到什么？飞过海洋会看到什么？飞过常年积雪的高山又会看到什么？（生大胆想象）

3. 相机提炼"发挥想象"的阅读方法并板书

师：老师发现你们的想象真神奇，仅仅一句话，你们就读出了这么丰富的画面。告诉老师，你们在阅读时，用到了怎样的方法？

生：一边读一边想象。

师：是的，发挥想象读童话是一个很好的方法，老师把这个方法送给大家。（板书：发挥想象）

阅读任务二：学生再次阅读《拇指姑娘》的片段，一边读一边感受拇指姑娘的心情，感受她心情的变化。

4. 自由读片段，感受拇指姑娘心情的变化

师：这个片段还可以这样来读，请你一边读一边感受拇指姑娘的心情，说说她的心情有怎样的变化。（生自由读后汇报）

师：说说你在读这个片段时感受到了拇指姑娘怎样的心情。

生1：我感受到了拇指姑娘很开心。

生2：我觉得她很紧张。

生3：我觉得拇指姑娘很难受。

利用希沃白板设计交互活动，让学生为每个句子找到对应的心情词，并说说理由。

师：老师在阅读的时候感受到了拇指姑娘这样的心情。（利用希沃蒙层功能逐个展示不同的心情词）

师：你能帮老师把这些心情词送到对应的句子前面吗？（利用希沃拖动功能设计交互活动，指生操作）

师追问：你们同意他的意见吗？为什么？（指名说）

5. 相机提炼"角色体验"的阅读方法并板书

师小结：从大家的分享中，老师发现，你们之所以能准确地感受拇指姑娘的心情，是因为你们已经把自己当成了拇指姑娘，和她一起悲伤，一起欢笑。这样的阅读方法叫作——角色体验。（板书：角色体验）

师小结阅读方法，完善板书。

师：是呀，用上"发挥想象""角色体验"两个方法来读童话，并用心去感受，就能走进奇妙的童话王国，感受童话的魅力。这就是一把开启童话王国的金钥匙。

在这堂课上，陈老师紧扣教材中《拇指姑娘》片段，通过两次阅读任务，完成了两个阅读方法的指导，轻松突破了本课教学重难点，真正实现了用好教材，用活教材，学生真正参与到课堂中来，凸显了学生的主体地位。第一次，陈老师聚焦教材片段中的关键句子，引导学生充分想象，提炼出"发挥想象"这一阅读方法；第二次，陈老师利用希沃课件设计交互活动，让学生在互动体验和采访追问的过程中，体会拇指姑娘心情的变化，让学生在不知不觉中代换角色，和主人公一起悲伤，一起欢笑，从而巧妙地提炼出第二个阅读方法——角色体验，给人以四两拨千斤之感，学生获得体验的同时，更是习得了方法。杜威说："要给学生一些事情去做，而不是一些知识去学习。"作为教师，我们应该像这样将课堂还给学生，让学生真正变成课堂的主人，才能让课堂成为师生成长的主阵地。而这一切的前提基于教师对教学内容精准的取舍和定位，更是对教学策略的不断优化。

二、精要之问

如果课堂教学是一艘船，教师是船夫，学生是远航者，那"精要提问"便是决定教学之船驶向何方的桨和帆。是的，正如特级教师肖培东所言："好课一定是靠好的问题推动的。"精当切要的问题能引导学生直击课文的核心，调动学生主动参与和探究课堂的积极性，使学生在思辨中不断成长。"为学患无疑，疑则有进。"作为教师，要深入解读教材，能提纲挈领，巧抓关键问题训练学生思辨能力，还要努力培养学生大胆提出问题、探究问题和解决问题的阅读能力，教会学生自主学习的方法。

张移移老师在进行《穷人》一课的教学时，在聚焦渔夫内心，感受人物形象处做了这样的提问。

师：桑娜做出收养的决定不容易，那渔夫的内心会经历复杂的斗争吗？

生：渔夫也一定会经历复杂的斗争的。

师：他可能会经历哪些斗争？

生：他觉得不管不行，但是管的话，自己的家里也很穷。

师：请同学们读一读第21～27自然段，结合他们的对话，找一找渔夫的态度有什么变化。

（生读）

师：你们发现渔夫的态度有什么变化吗？

生：我发现渔夫的内心是经历过复杂的斗争的，他从严肃、忧虑变为愿意把孩子抱过来，然后担心桑娜不愿意。

师：你总结得很好，来，我们一起来读读这段话。

（出示句子，关注内心变化）

渔夫皱起眉，他的脸色变得严肃、忧虑。"嗯，是个问题！"他搔搔后脑勺说，"嗯，你看怎么办？得把他们抱来，同死人待在一起怎么行！哦，我们，我们总能熬过去的！快去！别等他们醒来。"

师：这段话是用什么描写来凸显渔夫内心的矛盾和斗争的？

生：是从渔夫的神态、动作、语言描写来体现的。

师：好，我们再一起来读一读这些关键词句。

（生读）

师：你又从中读出了这是一个什么样的渔夫呢？

生：渔夫是一个无私的人。

生：渔夫是一个愿意帮助别人的人。

我们一起来看看张老师在这段教学中都使用了哪些提问：

渔夫的内心会经历复杂的斗争吗？

他可能会经历哪些斗争？

聚焦重点段落进行求证：渔夫的态度有什么变化吗？

这段话是用什么描写来凸显渔夫内心的矛盾和斗争的？

你又从中读出了这是一个什么样的渔夫呢？

老师结合学生生活经验，先提出一个问题，让学生自由说是会经历斗争的，可能会经历哪些斗争，然后通过引导学生去品读第21～27自然段，找到渔夫的态度变化，然后继续追问，这样的矛盾心理、这样的态度变化是用什么方式给淋漓尽致地呈现出来的，在学生解答这个问题的过程中，完成了对学生语文思辨能力的训练，并顺利地完成了对人物形象的提炼。学生在老师的精准之问下，在一步步探索答案的过程中，深入文本，体会到了渔夫的善良，体会到了穷人之家的人性之美，并深刻理解到：从这个角度来说，桑娜一家又是富足的。这就是精准之问的重要性所在，它是链接课堂核心的一个中枢纽带。

下面这个案例是何留贵老师在执教《荷花》时的提问片段。

师：（播放荷花的视频）欣赏了这一池的荷花，你的感受是什么？

生：荷花真美呀！

师：美在哪儿呢？

生：荷花的荷叶很美。

师：文中哪里呈现了荷叶之美？

生：荷叶挨挨挤挤的，像一个个碧绿的大圆盘。

师：从你的朗读中，我觉得荷叶不仅颜色美，样子也很美。

师：你还从哪些地方感受到了这样的美？

生：白荷花在这些大圆盘之间冒出来。有的才展开两三片花瓣儿。有的花瓣儿全都展开了，露出嫩黄色的小莲蓬。有的还是花骨朵，看起来饱胀得马上要破裂似的。

师：在这一句话中，有一个字特别传神，猜猜是哪一个？

生："冒"字。

师：对，现在老师把这个"冒"字换成其他字，大家对比读一下，然后说说你的感受。（生自由读）

课件出示一组句子：白荷花在这些大圆盘之间钻出来。

白荷花在这些大圆盘之间长出来。

白荷花在这些大圆盘之间伸出来。

白荷花在这些大圆盘之间冒出来。

师：比较以后，发现什么？

生：我觉得还是"冒"字用得最好，我感觉这些荷花就像是一个个仙子，又像是一个个小精灵，还很调皮呢。

师：是的，我也是觉得"冒"字能让我们感受到荷花在挨挨挤挤的荷叶之间蓬勃生长的样子。

师：白荷花在这些大圆盘之间冒出来，姿态万千，请你想象一下，除了书上描写的这几种姿态，这些荷花还可能有怎样的姿态呢？

师：（课件出示：有的……有的……有的……）（指名说）

师：多美的荷花呀，多有灵性的荷花呀！作者这样赞美道："这么多的白荷花，一朵有一朵的姿势，看看这一朵，很美；看看那一朵，也很美。如果把眼前的这一池荷花，看成一大幅活的画，那画家的本领可真了不起。"让我们美美地读一读吧。（课件出示句子）

何老师通过"这荷花美在哪里？"的追问，引导学生品读出了荷花美在荷叶、美在姿态、美在灵性。看似简单的一问，却激起了千层浪，引起了学生对荷花之美的深刻体悟，在读、说和想象中真正体悟到了这一池的荷花之美。

学起于思，思起于疑，疑则问之。课堂提问不仅仅是技巧，更是艺术。把问题问在学生最需要的地方，问在教学最需要的地方，可谓"好问知时节，当需乃发生"。唯有如此，才能真正实现每一节课的真实、高效。不仅如此，教师还要引导学生运用提问的策略，使之成为学生学习的一种能力。

三、合作之美

《义务教育语文课程标准（2011年版）》指出：自主、合作、探究是学生学习语文的重要方式，学生的学习活动应当是一个灵动和富有个性的过程。苏霍姆林斯基说："在人的心灵深处，都有一种根深蒂固的需要，就是希望自己是一个发现者、研究者和探索者。"所以，课堂应该是学生展示的舞台，教师要舍得给学生合作、交流的机会，要能智慧地创设这样的机会，在学生学习、探索的过程中，唤起学生的主体意识，建立起探索性的个性化学习方式，从而培养学生的探究能力和创新精神，奏出课堂的最强音。

杨锦山老师在执教一篇习作评改时是这样安排的。

师：同学们，我们一起来修改这篇习作（师呈现学生的一篇作品），但要分一下工。（师呈现出各小组的任务：有标点辨别组、语句诊断组、善用修辞组、内容分析组等，现在，我们就这篇习作来进行交流，同学们以6人为一组领上自己的任务，对任务进行讨论，最后推出代表汇报，时间15分钟）

（给足孩子们思考、交流的时间和空间，然后开始汇报）

生：我是标点组的汇报人，我们组经过讨论，发现这篇文章中这个句子："这样的美景真是让人流连忘返啊。"其情感表示的是赞叹，句末应该使用"！"。还有这个句子："春风拂过，这个大花园里呈现不同颜色的花：有白的、黄的、紫的、暗红的。"在列举很多种颜色的时候，我们不一定数得过来，句末使用"……"最为恰当。这样才能给人以无限的遐想。

师：是的，标点组的同学给我们指出了文段中如何巧妙使用标点，能让语句表达出更为强烈的情感。

生：我代表语言组对习作中的语言谈一谈看法。在这篇习作中有这样一句话，"这个大花园里正绽放着不同颜色的花"，改成"这个大花园里百花齐绽"更为妥当。还有这句："一座一座的山都是绿色的"，可以写成"连绵的群山，翠色欲滴"或是"连绵的群山，绿意盎然"。

师：很好，我们语言组的代表让我们知道，怎样表达才会使语言更为精练。

生：我们修辞组对这篇文章也有一些建议。比如习作中写道："那一座一座的山倒映水里，甚是好看。"这句话可以写成"那连绵的群山，倒映水中，简直就是大师笔下迷人的画卷"。还有这句："那弯弯曲曲的小路，直达森林"，可以改成"那弯弯曲曲的小路，犹如一条长蛇爬入密林深处"。

师：修辞组的同学把一个个语句写得生动形象，你们很会观察、很会思考。

每个小组根据自己的任务对习作进行修改，这篇习作经过各小组修改后，老师进行梳理呈现，最后小组成员对比发言。这样的课堂是把学生当作了学习的主人，把思考、合作、探究作为课堂的主旋律。

在小学语文教学中实施小组合作、探究教学非常关键，也是必不可少的。小组合作学习是学生自主学习的平台，既能使学生取长补短，潜能得到开发，又培养了学生的合作精神和竞争意识，从而真正实现了学生的全面发展。事实表明，有效的小组合作探究教学不但可以调动学生的学习兴趣，还能够培养学生的协作精神、提升学生的学习技能以及活跃课堂教学的氛围，从而打造扎实有效的课堂。

四、生成之灵

课堂是动态生成的，因而在课堂中总会出现一些始料不及的问题，教师如果处理得当，能够巧妙利用课堂中"不期而遇"的课程资源，运用自己的教育智慧，灵活调整自己的教学设想，将会使课堂生成变成课堂上的点睛之笔，收到意想不到的教学效果。

我在执教《四季之美》的时候，在导入环节遇到了这样灵动的生成。

师：同学们，你眼前的这位老师给你留下了怎样的印象？

生：我觉得老师很温柔。

师：谢谢！

生：我觉得老师很美。

师：谢谢！

生：陈老师，您的笑容很灿烂！

师：说明你心中有阳光，所以你看得到灿烂！

另一个学生站起来，盯着我看了片刻，然后说：我觉得老师眼里有很多小星星！

天哪，这是我这么多年从没有听到过的关于我的描述。说实话，当时内心有一种说不清的感觉，但我得回应这个孩子呀，台下那么多老师看着我，应该都在听我如何回应这充满灵性的表述。我边想边走到那个孩子的身边，然后轻轻地摸着她的头，笑着对她说："孩子，老师眼里的星星就是你们。"顿时，我听到台下一片掌声……

后来评课的时候，老师们专门就这个生成点做了点评：在师生这样的互动交流中，老师的处理之所以如此巧妙，是因为师生的情感是同频的，这样的课堂精彩是智慧的绽放。

我执教《牛和鹅》的第一课时，在引导学生学习"借助第3自然段，学习做批注"这一教学环节时，生成了这样的课堂智慧。

师：同学们，做批注需要先画出自己印象深刻的句子，然后在这些印象深刻的句子里圈出关键词，接着在旁边写写自己阅读时的最真实的想法。来，我们一起借第3自然段学习做批注吧。

（师请生去屏幕前与其一起做批注）

学生一边读，一边圈画。前面的圈画都与自己的预设差不多，突然，上来板演的同学将他认为很关键的一个词"屁股"给圈上了。

见到学生圈"屁股"，与自己的预设相差太远，完全不着边际，我正准备打断他，问他为什么要圈这个词，见到他又将笔放在了"树枝"这个词上。

见他停笔了，我笑着问他："你为什么觉得这两个词很关键？你一定有自己的思考，能说说吗？"

"老师，我是这样想的，牛屁股上的肉很多，而且我们用的是树枝，可以看出我们是没有真心实意地去欺负老牛的。"

孩子的话刚说完，下面就响起了热烈的掌声，我知道这是送给这位孩子的。

"孩子，你很会读书。是呀，我们并没有真心实意地去欺负它，是吧？你能不能从文中再找一个词来证实你的想法？"

学生在我的追问之下又再次沉浸在阅读中，过了一小会儿，他突然笑起来，大声说："老师，是这个字——'触'。"

"是的，孩子，你很棒，你能触我一下吗？"我问道。

学生笑了笑，然后轻轻地碰了我一下。

"看，找准牛最肥的地方，然后用细细的树枝去触它的屁股，这哪里是真心实意的欺负呀！这分明是——"

"逗它玩！"那个学生接着说，"说明小伙伴们都很善良。"

掌声再次响起来，我想，是因为这位孩子的善良，才读出了伙伴们的善良。这就是语文教学的功效，让人求真、求善、求美。

如果在教学中我不停留，不给学生表达的机会，这样的思考就不会在课堂教学中呈现，也将错过教学的精彩。

在教学中，很多宝贵的"课堂生成"稍纵即逝，教师要有一双慧眼，及时捕捉和利用这些灵动的教学资源，善于引导学生用"读""思""悟""感""抒"等方式，将课堂生成的问题变成撬动课堂的资源。在这个过程中，学生变成了课堂的主人，"课堂生成"变成了撬动课堂的有力杠杆。

课中实施是一堂课最为关键的环节，它是课前的渐入佳境，又是结课的有力支撑。一堂课所能挖掘的深度和延展的广度，完全是课堂中的师生与文本共同作用下的语言交流、活动开展、智慧碰撞、情感提升所推动的。

所以，一节课最关键的环节就是课堂中的教学实施环节，我们应以智慧、知识，融合情感、理性等构建成和谐的学习环境，让学生在这样的学习过程中明辨事理，品味语言，提高能力，通过这样的课堂最大限度地调动学生的学习积极性与主动性，陶冶学生的心灵，启迪学生的心智。当然，我们需要关注不同学生个体，做到取舍得当。正如毕淑敏所言："有些东西并不是越浓越好，要恰到好处，深深的话我们浅浅地说，长长的路我们慢慢地走。"

回味甘甜，余音绕梁

——说说如何结课

诗人谢榛说过："起句当如爆竹，骤响易彻；结句当如撞钟，清音有余。"一堂好课也应该如此，必须"善始善终"。良好的开端虽然是成功的一半，但完善精要的结尾如"画龙点睛"，会使课堂教学再起波澜，从而给教学活动画上一个完美的句号。因此，精心设计结课这一教学环节，对于良好教学效果的巩固，有着举足轻重的作用。它往往能与课首呼应，使整堂课浑然一体，以获得融会贯通之效，不仅拓宽了学生的思维空间，更激起学生探索求知的欲望，真正实现课堂的余音绕梁。

余音绕梁一：情不断

有些课文蕴含着浓浓的情感，文章结尾意蕴深厚，读后给人以心灵的触动。教学这样的文章时，将学生由课堂引入生活，引发他们的共情，能够激起思维的火花，升华情感，最终达成课结而情未了的教学效果。

郭厅老师在执教《慈母情深》这篇课文时，是这样结课的。

（师出示句子"我鼻子一酸，攥着钱跑了出去……"）

师：请同学们齐读。

（生读）

师：这一酸、攥、跑，你感受到文中的"我"什么样的心情？

生：我从这"一酸"中感受到文中的"我"差点儿要哭了。

生：看到母亲龟裂的双手，想到母亲的辛劳，"我"很难过，很心疼。

生：那皱巴巴的毛票是母亲的血汗钱，"我"居然向她要钱，"我"太不应该了。

师：请注意句末的省略号，这里还省略了什么？

生：省略了"我"哭的场景。

生：省略了"我"接过钱后发生的事情。

师：是呀，一个个场景，一句句话，让"我"感慨万千、思绪万千。

师：请把我们理解到的情、想到的话用我们的朗读表达出来。

（全班齐读）

师：下课。

郭老师没有用过多的语言诠释那份伟大的母爱，没有以教条的方式对孩子进行思想道德教育，而是抓住三个动词"酸""攥""跑"和一个省略号去引导学生感受文字中蕴含的母子之情，拨动学生的心弦，让学生的情在琅琅读书声中随文而起，随心而动。

余音绕梁二：思未尽

这里的"思"，指一堂好课要达到余音绕梁的效果，应当引发学生的"思辨、思考"。我们关注学生批判、探究精神的培养，在结课时就应该设计出能引发学生去思考、去探索的问题，使得课堂结束之时，亦是新的思考的开始。

陈淑彬老师在教学《书戴嵩画牛》时，是这样结课的。

师：通过这节课的学习，你还有不明白的问题吗？（师生、生生互动答疑）

师：在备课的时候，我发现一个问题，请你们观看这个斗牛视频，看你们发现的问题是不是和陈老师发现的一样。（播放斗牛视频，生观看视频）

师：发现问题了吗？

生：老师，我发现这个视频里牛相斗的时候，既有夹着尾巴的情况，又有竖起尾巴的情况。

全班同学异口同声地说：我也发现这个问题了。

师：那么是牧童错了，还是苏轼错了？

生：啊？！

师：我们知道，《书戴嵩画牛》是苏轼题写在画上的诗作，宋代流传下来的为数不多的《斗牛图》大多是翘着尾巴的。到了清代，只有一幅保存在皇宫中，但是这幅图中的牛尾巴是不翘的，乾隆皇帝在这幅《斗牛图》上题写过两首诗：一首呈现的是牛夹着尾巴的，一首对戴嵩询问牧童的故事表示质疑。那么，不同种类、不同状态下的牛打斗时的样子到底有何区别？老师请你们带着这个问题走出教室，走入生活，去观察，去比较，去验证。好吗？下课！

这就是教学智慧，引导学生质疑，引发学生思考，鼓励学生实践，真正是将语文教学引向生活，让学生明白"纸上得来终觉浅，绝知此事要躬行"。这样的结课，开启了新的学习，引导学生走进生活，把学生引向思辨之地，并教给学生解决问题的方法，真正做到了"思未尽"。

余音绕梁三：趣无穷

巧妙的结课能让学生愉悦，并激发他们进一步深入阅读的兴趣。《胡萝卜先生的长胡子》是一篇没有结尾的童话故事，讲述了胡萝卜先生有一根不断变长的胡子，被小男孩剪了一段放风筝，还可能会被鸟太太当作晾尿布的绳子，结尾给孩子们带来无尽的遐想。

陈霞老师在执教时，结尾是这样处理的。

师：同学们，课上到这里已经结束了，但是胡萝卜先生还会到哪些地方，发生哪些故事呢？

生1：胡萝卜先生来到了一家眼镜店，想要重新配一副眼镜，可是等他摘下眼镜的时候，呀，他的长胡子就没有了！

生2：胡萝卜先生不小心走进了我的梦里，啊，他的胡子更长了，我走到哪里，他的胡子跟着长到哪里，别人还以为那是光的影子呢！

生3：一阵风吹来，胡萝卜先生飞到了天上。他的胡子越来越长，缠住了天上的月亮。

师：你们的猜想都有自己的思考，也很合理。《胡萝卜先生的长胡子》中还有很多内容没有呈现出来，同学们可以去找来读一读，也可以将你创编的故事写下来讲给大家听。

通过引导学生畅想故事结尾，激起学生思维的火花，激发学生的想象能力。同时，学生在交流中又体会到创作之趣、语言之趣、内容之趣，真正实现了"课虽尽而趣无穷"之效果。

余音绕梁四：练不止

这里的"练"有"开口练说、提笔练写"之意。好的课是需要言意兼得的，所以，我们应该要结合一节课的教学重难点，在结课的时候，引导学生去回顾，去总结，把那些知识点、技能点沉淀下来，达到积累运用之目的。

张勇老师结合班上最近的情况，与学生一起上了一堂口语交际课《欺负》，在课的结束部分，他是这样指导练说的。

师：如果班上有一个人总是欺负你，你是以牙还牙，还是以德感化？

生：以德感化。

师：你会如何感化他？能具体举例说说吗？

生1：他忘带书本文具了，我会不计前嫌借给他。

生2：他肚子突然疼了，我送他到医务室。

生3：他脚崴了，我搀扶他上下楼。

生4：他遇到不会做的作业，我会教教他。

……

师：同学们，你们真是好孩子，相信那个欺负你的人一定会被你的美德所感化的。常言道："精诚所至，金石为开。"只要我们拿出足够的诚意，即使是块石头也会被焐热的，更何况是人呢？

张老师在指导学生练说时，引导学生结合具体事例来谈，将"以德感化"这样抽象的词具体化为学生可以做的一件件事。这是教学的艺术，也是教师指导学生练说的智慧。

代宣丽老师在结课时指导"练写"是这样做的。

师：同学们，文章所有的场景都是围绕"父爱"来写的，可题目却是"父爱之舟"。作者为什么把父爱和"舟"联系在一起？

（生自由交流表达，师相机引导）

师：是的，这"舟"是承载着父爱的小船，父爱与它已经融为一体了。孩子们，课文中那一个个生活场景和一件件生活小事，一定勾起了你的回忆。记忆中，父母的爱体现在哪件小事上，哪些不经意的语言和行为中呢？现在请同学们拿出本子，写一写。

……

在练说练写交流中结束新课，既是对所授内容进行梳理、概括、深化，也是一个引导学生用自己的方式将学习所得内化的真实的过程。这样的结课有始有终，使整堂课浑然一体，对教学效果起到一定的促进作用。

古人有云："一篇之妙，在于落句；一课之妙，在于结语。"通过"情不断，思未尽，趣无穷，练不止"的方式，让课堂余音绕梁，让学生流连忘返。

续拨课堂言外之意

　　无论课前做了如何精心的准备，我们的课堂实施下来后仍会留下"遗憾"：孩子们率真的弦外之音未能捕捉，课堂教学的有效生成未做引导，教师教学的灵感闪现稍纵即逝……面对这些遗憾，如果你有"教而不思则罔，思而不教则殆"的教学态度，你就可以在深刻的反思中撷取一二进行整理提炼，它们便可以成为课内向课外延伸的点，续拨其美妙之音，续描其美伦画卷……

　　那续拨之音从何觅得，美伦之画从何处取？个人认为我们可以先关注板书，透过板书窥探教学留痕是否完整，教学目标是否达成，然后紧抓提升课堂教学效率的作业设计环节做足文章，将学生引向生活。你会发现：生活即语文，语文即儿童，他们会在生活的大舞台上发现美，创造美。

遇见风景，遇见"理"

——小学语文教师如何提升板书境界

　　曾经，贵州省教育科学研究院最可亲可敬的袁克丽老师用一支粉笔，就圈定了无数粉丝。在每一个小学语文教师的内心深处，都绘有一抹最平凡的风景——板书。板书是课堂的一扇窗口，是教学的沉淀与浓缩，是一道曼妙的风景；同时，还可以透过板书找到课堂教学中的得失。所以，观一位教师的课，我们往往会因为其板书之趣而"爱不释眼"。因为板书不仅可以让课堂教学变得直观、形象，还可以在关键时刻帮助学生习得方法、记忆内容、训练思维，甚至开启全新的智慧旅程。在小学语文教学中，教师对板书的设计和呈现是极为重视的，回想这么多年在小学语文课堂教学中一路遇见的风景，再盘点我走过的语文教学，我竟然又遇见了"理"。于是，我将小学语文教学的板书划分为四重境界：第一重是扎实的，第二重是精致的，第三重是灵动的，第四重是无痕的。看得出，扎实、精致、灵动、无痕，它不仅代表着教师对待板书的四种态度，同样也可以折射出四重不同的课堂教学境界。

一、板书境界

（一）扎实

　　在课堂教学中，很多教师往往会因为学生考试成绩的因素而选择把课堂内容上得特别扎实，生怕漏掉文本中的某一个极为细微的知识点，俗称"满堂灌"式的教学。当课堂结束的时候，放眼望去，黑板上挤满了生字词、多音字、近义词、反义词、教学方法、学习方法等，真可谓琳琅满目，应有尽有。这样的板书好吗？不能说"不好"，但是从"一课一得"的角度出发，从学生易于接受和消化的角度出发，从学生的心理规律、认知规律出发，这样的板书不够科学、合理，只能算是扎实的板书。这便是板书的第一重境界——扎实。

（二）精致

在有些课堂教学中，教师能从学生的实际学情出发，遵循学生的心理、认知发展规律，按照课堂教学中的生成预设，采用巧妙且合理的方法组织实施课堂教学，按步骤一板一眼地精雕细琢，适时进行板书。这种课堂教学中的板书，可能会出现各种精致的贴画、简笔画、印刷词条，甚至是实物粘贴、桃心、许愿树、爱心树等，看起来有极强的视觉冲击力，能帮助学生较好地理解课文内容，也能俘获学生，甚至是观课者的心。在扎实的基础上，这样的课堂教学效率更高，学生学得更积极、更主动，学习效率显然也更高，这是板书的第二重境界——精致。

（三）灵动

在精致的基础上，有些教师在课堂教学中能够基于教学设计对板书进行取舍、创新、异化，让板书不再千篇一律，也不再纯粹追求扎实、精致，写字不再一味精雕细琢，而是根据教学实际需要选择最合理的方式进行板书。在这样的课堂教学中，教师的板书时而快，时而慢，时而轻，时而重，时而缓，时而急，如潺潺小溪，在幽静的课堂深处流淌，这就是灵动的板书境界。灵动的境界不排斥扎实，更不排斥精致。相反，灵动的境界是前两重境界的一种超越和升华。

（四）无痕

其实，在教学中，板书光有灵动是远远不够的。道理很简单，灵动的板书就像一件时髦的、简单的、耐看的衣裳，作为教师的我们，运用在课堂教学中沉淀积累的经验将这件外衣神出鬼没地穿到一堂语文课的身上，才是真正的本领。所以，板书的最高境界是无痕。大道至简，大道无痕。在无痕的课堂教学中，一切都是那么平凡，一切都是那么自然，一切都是那么和谐，教者的板书就像武侠小说里描写的侠客剑痴，来无影，去无踪，能飞檐走壁，能笔未动而意先行。在这样的课堂教学中，师生皆是按照美的规律、趣的规律、生命的规律来实施课堂教学的。

俗话说，十年磨一剑。小学语文教师如何提升自身的板书境界呢？我认为，可以从最基础的"扎实"这个境界开始修炼，以"三字""一画"为抓手，逐步夯实自己的板书功底，一步一个脚印地往上爬，逐渐晋升为精致的境界，再修行到灵动的境界，最后破境到无痕的境界。在这个漫长而曲折的过程中，只有遵循风景背后的"理"，不断修行，不断磨炼，站在"以学生为中心"的高度来改善和提升我们的教学水平，我们的板书境界才能得到潜移默化的提升。下面，我将从教学实践的角度来谈一谈小学语文教师如何提升板书境界。

二、提升板书境界的方法

（一）快慢相济

在小学语文教学中，教师板书的每一个字都是学生模仿的样板，教师的书写往往会对学生的书写产生潜移默化的影响。40分钟是短暂的，我们不能为了写好每一个字而一味地精雕细琢，那样会耽误课堂上的黄金时间。但是，我们也不能因为急着赶时间一味地求快，而大幅度地降低书写质量。因此在课堂教学中，有些环节的板书需要快速呈现，而有些环节的板书却不能急于求成，要根据教学内容的具体因素而放缓板书的速度。这就需要教师练就一身熟练、高超的书写本领，随时根据需要提速、降速，做到快中有慢，慢中有快，快慢相济。比如，在执教《乡下人家》时，我的板书就做到了快慢相济。

我先让学生浏览课文，提炼中心句。于是我说：请同学们浏览课文，想一想，乡下人家有一道怎样的风景？

学生自由朗读后，大多数同学都在课文的结尾段中找到了答案。我便出示结尾段：乡下人家，不论什么时候，不论什么季节，都有一道独特、迷人的风景。

这时，教师需要及时将"独特、迷人"进行板书。这简短的四个字高度概括了乡下人家的风景，尤为重要，需要教师郑重其事地写，可以写大一点，写慢一点，写精致一点。

板书完毕后，我鼓励同学们：这是文章中心句中的关键词，整篇文章都是围绕它写的。抓住文章中心句的关键词进行学习，是一种很好的学习方法。

接着，我让学生再读课文，想想课文写了乡下人家的哪些画面，用简洁的词句归纳概括。

学生充分默读后便争着举手汇报，我便相机较快地归纳板书，待到学生的汇报完毕后，我的板书也很自然地呈现出来：

长藤绿叶彩瓜，

繁花翠竹笋芽。

鸡鸭成群晚饭，

红霞微风鸟还，

秋来纺织甜梦。

这些关键词句是学生默读课文后所看到的课文中描绘乡下人家的一幅幅画面，相当写意，不需要工笔细描，只需要教师潇洒、写意地挥毫，可以写小一点，写快一点，写洒脱一点。

接着，我便小结：同学们，学习语文，我们可以把文章读成一幅幅画面，还可以浓缩成一句句优美的诗，这就是学习语文的奇妙之处。

后来，快要结课的时候，我说：书读百遍，其义自见。每一遍，都有不一样的风景；每一遍，都有不一样的心情。如果有一天，老师请你们用一句话概括乡下人家，你会怎么说？

生1：乡下人家是温馨的！

生2：乡下人家是舒服的！

生3：乡下人家是最美的！

于是，我灵机一动，便把第三个学生说的话稍做归纳，迅速地补充在黑板上：最美乡下人家。

（二）动静相生

在教学中，就拿板书课题来说，有些课文的题目字数较少，适合教师在课堂教学开始后进行动态板书，让整个课堂因为教师的书写而更美。而有些课文的题目字数较多，如《铺满金色巴掌的水泥道》，如果教师在开课后再板书课题的话，一是费时，二是费力，三是费神，而且特别考验教师的书写基本功。因此，教学这样的文本时，我们可以在课前就将课题写好，提供静态的板书，也是一种美。再如，在比较紧凑的教学环节中，有时需要板书一句完整的话，如果教师现场进行动态板书，肯定会让课堂教学的效率大打折扣。这就需要教师在课前准备好板贴，在教学中适时地呈现静态的板书，以节省人力和时间。因此在教学中，我们的板书不是一成不变的，而是动静结合、动静相生、相映成趣的。执教《王戎不取道旁李》时，因为课题的字数比较多，我便在课前把课题写好，先为学生呈现静态的板书，为我的课堂节约了宝贵的时间。而在教学中指导学生书写"戎"字时，我便详细地进行动态的书写指导。

师：同学们，我们来关注一下"戎"字。请同学们端正坐姿认真听，集中精力仔细看。（PPT出示"戎"的字源图）请认真观察"戎"的字源信息，你发现了什么？

生：我发现"戎"字由兵器"戈"和"铠甲"组成。

师：是的，后来啊，"铠甲"演变成了"提撇"。"戈"代表兵器，"提撇"代表铠甲，合在一起指武器。《诗经》有云："以修我戎。"后来引申为"军队""战争"等。写"戎"字时，要注意：（师边在田字格黑板贴里示范书写，边说顺口溜）"戎"字有六画，戈旁加铠甲。中横稍上爬，提撇正交叉。斜钩写潇洒，撇向有变化。点睛在右上，戎字顶呱呱。

（生跟着师一起书写）

师：同学们，刚才老师强调的书写要点，记住了吗？请拿出写字格，像老师这样写一写吧！一看二写三对照，眼明心静字写好，开始写吧！

（三）书中求变

在教学中，我们往往会通过深入的、细致入微的教材解读，抓住文本中的对比、插图、批注等线索，以求变的思维设计教学板块，让学生在课堂教学中始终有新鲜感，让课堂教学变得陌生，最终达成教学效率的有效提升。同样的道理，小学语文教学中的板书不应该千篇一律，而应该主动求变，大胆求变，以激起学生的好奇心和求知欲。

有时候，我们可以根据教学内容的需要，用不同颜色的粉笔呈现个性化的板书，即颜色之变。如果板书的是比较重要的内容，就在黑板上写大一点，表示强调。如果不是，就写小一点，与主要部分形成对比，这叫大小之变。如果板书的字刚好是指导学生书写的汉字，可以在田字格黑板贴里强调书写要点，写重一点，写明一点。如果板书只是要求会认识的生字，就可以写轻一点，写淡一点，这是轻重之变。有时候，随着教学环节的推进，我们会有意识地将板书中的某些板块轻轻擦去，甚至会随着文本中人物的心情或命运而变得残缺，乃至支离破碎。

（四）教中求简

人们都说，越简单的越耐看，板书设计亦如此。所以，我们的板书设计不仅要力求精准，还要懂得取舍，做到"一课一得"。与其模模糊糊一大片，不如清清楚楚一条线。"洗尽铅华始见真，浮华褪尽方显诚。"当40分钟的课堂教学结束以后，学生走出教室，走进生活，甚至走过了很多年，他们依然还记得当初语文老师在黑板上写下的那一行行直抵心田、紧扣心弦的文字，才不枉我们教学的初心啊！执教《牛和鹅》一课，我在引导学生运用批注的方法阅读理解课文内容时，是这样板书的。

师：请同学们默读课文第3自然段，思考：你有什么感受？

生默读，交流：孩子们不怕牛。

师：你是从哪里读出来的？

生："一点儿不害怕"。

师：还有吗？

生：他们敢用手拍它的背，摸它的肚子，甚至敢用树枝去触它的屁股呢！

师出示文段：学生边汇报边示范，敢用（　　　），甚至敢用（　　　），还敢（　　　），虽然不敢（　　　），还是敢（　　　）的。

师相机做批注：孩子们真是一点儿不怕牛，甚至还敢欺负牛。

师追问：同学们，你们猜猜老师是从哪些关键词里体会到孩子们不怕牛、欺负牛的？

生：我是从"树枝""屁股"两个词语里体会到的。

师继续追问：这树枝是粗的还是细的？

生：应该是比较纤细的树枝，因为孩子们并不是真的想要欺负牛，只是想逗它玩玩，所以拿树枝触牛的屁股。

师：你真是一个爱动脑筋的孩子！同学们，做批注的时候，可以先勾画句子，然后圈起关键词语，最后在旁边做批注。（立即板书：一画二圈三写）

（五）板纳百川

在教学中，我们可以根据教学内容设计丰富多彩、别开生面的板书。山川可入画，虫鱼可入心，鸟兽可入耳，百草可入园。

执教《四季之美》时，我便将一年四季的美景用简笔画的方式在板书中进行呈现，把清少纳言笔下的那种唯美发挥得淋漓尽致。学生在多元的板书中徜徉，放飞思绪，受到了美的熏陶，真正体悟到了"四时景物皆成趣"。

（六）有生更美

当一名小学语文教师走过了千万里路，上过了千万节课，蓦然回首，才发现，那美却在灯火阑珊处。再别致的板书，也比不过课堂上坐得端端正正的学生；再优美的图画，也比不过孩子们那明亮的眸子；再华丽的预设，也比不过孩子们的天真烂漫、趣味童心。因此，最美的板书，一定有学生的参与，融教师的"教"、学生的"学"为一体。

（七）随风入课

在小学语文教学中，最高大上的板书一定是自然的，无痕的，不做作，不刻板。它就像一阵风，在课堂教学中稍纵即逝，我们必须找准时机，在合适的窗口及时进行板书，做到"稳""准""神"。如果板书是一只风筝，当风起时，我们就要拽着线迎风奔跑；如果板书是一艘船，当风起时，我们就要及时扬帆起航。

（八）润物无声

在小学语文教学中，为了充分尊重学生的主体地位，珍视学生的独特体验，做到"以学生为中心"，我们的教学必须淡化"教"的痕迹。如果板书是一场雨，那它一定是在教师教学、学生学习最需要的时候轻轻地降落，"润物细无声"。如果板书是诗中的隐者，那他一定"只在此山中，云深不知处"；如果板书是武侠小说中的世外高人，那他一定身无定所，踏雪无痕。

总之，在小学语文教学中，在对的时间，对的地点，遇见对的板书，一切就刚刚好；然后引导学生透过这一个个"板书之窗"去理解、内化、弥补；最后把学到的知识、能力和方法运用于生活，续拨课堂教学之余音……

智慧作业，减而有升

——谈谈作业布置

提到作业，有很多既好笑又心酸的段子，连我的女儿都能来上一两句诸如"不做作业母慈子孝，一做作业鸡飞狗跳"之类的顺口溜。所以，智慧作业应该是教师和学生共同期待的。就我们小学语文学科的智慧作业来说，我觉得它需要体现学科特质，能站在学生的立场，关注学生的知识需求，结合课堂教学所学，联系生活实际，以语文要素的落实为目的，能在实施完成的过程中调动学生的多种感官，使他们得以体验，得以思索，得以创造，从而发挥智慧作业助读、助说、助写和助用的功能，真正达到续拨课堂言外之意的目的。

一、助"读"是智慧作业之根

《义务教育语文课程标准（2011年版）》中明确指出："应该让学生多读多写，日积月累，在大量的语文实践中体会、把握运用语文的规律。"那么，在作业的设计中，我们怎样才能使作业指向阅读呢？

（一）提纲挈领知内容

在教学中，我们会发现许多学生不能对课文进行主要内容的归纳，所以，在进行作业设计时，我们可以通过作业训练，给予学生一定的支架，引导学生去把握所读文章的主要内容。

在教学《青山不老》时，为了帮助学生把握课文的主要内容，王清源老师设计了这样的作业。

目标：用树状图梳理课文内容。

题干要求：常青树的枝繁叶茂需要你的助力。

作业呈现形式：树状图，主干提示语为"常青树"，树枝由"大环境""小环境""人物""奇迹"等几个提示语组成。在每一个提示语旁给出格子，要求学生根据提示填写相关内容。

《青山不老》是统编教材小学语文六年级上册的内容，这一个阶段的学生有了较强的阅读能力，他们除了能梳理课文内容之外，阅读时还能根据自己的阅读理解进行提炼、归纳。为了巩固初读的成果，在初步学习了课文之后，王老师引导学生联系课文，用树状图的形式进行整篇文章的内容补白，培养学生自主学习的习惯与能力，明确目标及课文主要内容。而且，这种形式的主要内容梳理契合主题，作业形式生动活泼，学生愿意做，且能在这个支架的辅助下完成任务。让学生学有方向、学有动力，变被动接受为主动探索，并达到整体感知的目的。

吴彬老师在执教二年级的《纸船和风筝》一课时，结合课标上的"借助读物中的图画阅读"这句话，给学生搭建了支架，设计了这样的课堂练习作业：同学们，这是故事情节导图，请你结合课文把这些情节给补充完整。

吴老师在引导学生梳理课文内容时，选用课文插图为背景设计明信片，并依据课文的故事情节制作思维导图，部分内容老师填写了，让学生在故事的场景中梳理部分内容，较大程度激发了学生完成作业的兴趣，同时用填情节图的方式让学生能整体把握文章的内容和主题，又降低了作业难度，减少学生完成作业的时间和作业量。

（二）读中生智素养成

《义务教育语文课程标准（2011年版）》中阐述："要让学生在朗读中通过品味语言，体会作者及作品中的情感态度，学习用恰当的语气语调朗读，表现自己对作者及其作品情感态度的理解。"所以，通过朗读，那些抽象的文字符号会成为一个个生动形象的景象呈现在学生的头脑中，从而加深学生对文章的理解，体会文章的情感，在帮助学生理解课文内容、发展语言的同时训练思维能力和陶冶情感。因此，朗读作业的完成，能促进学生阅读素养的提升。

我们来看看孟兰梅老师为低年级的学生设计的几份朗读作业。

课前预习，朗读课文三遍；

每天晨起，朗读《成语训练大全》一页；

每天晚上，朗读《日有所诵》里的内容一篇。

　　这是一份长效的朗读要求，看似单一，但老师的设计颇有心思。翻开小学语文课本，你会发现朗读要求贯穿于整个阅读教学的始终：从低年级的"学习用普通话正确、流利、有感情地朗读课文"到高年级的"能用普通话正确、流利、有感情地朗读"。说明朗读是学生进行阅读的常用手段和基本要求，因为朗读承载着其他阅读手段不能完成的任务。它能唤醒"沉睡"的状态，让学生迅速投入学习中来。在晨读、午诵、暮省的琅琅书声中，学生的精神被唤醒，以保证能神清气爽地开始一天的学习。在大声的朗读中，在孩子们的语音、语调得以训练的同时，那些字句也镌刻在学生的心中，长年累月的坚持之后，这些语言就得到沉淀，并自然、适宜地应用于学生的表达中。

（三）策略单元读有方

　　统编教材在阅读板块还有比较特殊的单元——阅读策略单元，那么在这些板块中如何布置作业呢？比如五年级的阅读策略是提高阅读速度，作业的布置就侧重于检验学生的阅读方法，展示学生的阅读速度，培养学生的阅读能力。

　　因此，在学习了第一篇课文《搭石》后，杨锦山老师安排了这样的作业。

　　自选一篇描写家乡的文章阅读，完成以下问题：

　　（1）我看到文章的题目，产生的问题是（　　），我带着问题第一遍读文章用了（　　）分钟，我了解到文章主要讲了家乡的（　　）。

　　（2）其中家乡的（　　）最打动我，我又细细地读了这一部分内容。我在阅读时圈画了（　　），这些词句让我感受到（　　）。在这次阅读中，我用了（　　）分钟。

　　（3）在与组内同学的交流中，我了解到他在第一次（第二次）读用了（　　）分钟，因为读到不理解的内容时，他是（　　）（怎样处理的），我以后遇到这样的问题也可以这样处理。

　　因为本单元的阅读策略是提高阅读速度，我们既要准确把握课文内容，又要掌握提高阅读速度的方法。因此在教学中，杨老师设置了两重问题——文章讲了什么？什么地方给我留下深刻的印象？——让学生阅读，实现课文内容的整体把握和课文重点部分的品读。通过记录时间、与同桌比较时间，寻找出现时间差的原因，梳理出提高阅读速度的策略，既学习了课文，也掌握了方法。

（四）快乐推进"读书吧"

课文无非是一个例子，我们所有的指向阅读的作业设计，最终都是想实现让学生快乐读书，读整本书的目的，那如何巧借"快乐读书吧"作业的实施来实现学生的读书快乐呢？

让我们一起来看看这份《在那奇妙的王国里》的作业设计。

我的阅读我做主

小组内合作交流，根据老师提供的阅读计划表制作"走进童话"读书记录卡。制作完成后，小组成员分别参照自己阅读的童话故事书，在小组长那儿填写好并按照计划完成。

小组内成员出示自己感兴趣的童话故事的题目、插图，在小组内进行交流，对这篇童话故事的内容和发展方向进行预测，并把预测的内容写在预测卡片上。

小组之间根据阅读计划表和读书记录卡的完成情况，给组内成员评出相应的星级。

因为学生能力不同，阅读的层次和感受也不同，追求作业的有效性必须充分发挥学生的自主性和积极性，作业布置要有弹性，基础较弱的学生可以做一些基础性的作业，如积累有新鲜感的词语和句子，学有余力的学生可以在阅读中进行思考，提出自己的疑问和感想。最后利用评价的方式，对学生完成情况进行督促和激励。因此，这份设计关注了大多数群体，进行阅读跟踪。

童话书海我畅游

挑选自己感兴趣的童话故事在空闲时间进行阅读，在阅读过程中，不认识的字和不理解的句段可以查字典或上网查阅，在不影响理解的情况下可以跳过阅读。

交换阅读并相互分享故事。（在阅读过程中可以和组员或者班上的其他同学进行交换阅读，归还对方书籍的时候互相分享一下自己的收获）

每个学生的阅读习惯和接受知识的容量不同，阅读时间也应该不一样。因此，阅读童话的作业安排应该充满弹性，让学生在愉悦的心境中去阅读。学生之间进行阅读书籍的交换，这个作业主要思考如何尽可能地给学生创设一个良好的阅读氛围，培养阅读兴趣，掌握阅读方法。

有个约会要交流

在学生们阅读一段时间之后，由老师规定一个具体时间举办"童话故事分享会"，每个学生挑选一个自己最喜欢的童话人物，穿上童话故事人物所需穿戴的服饰进行角色扮演。

最后进行童话故事分享，扮演者在讲台上表演出相应的故事情节，学生可以互相猜测同学扮演的童话人物是谁，互相分享扮演的角色发生的故事。

如果我们把作业融入学生的生活中，给学生一个交流的平台，让学生走进童话的奇妙王国里，感受童话奇妙的想象，自主地去展现自己的风采，相信会收到意想不到的喜悦。

创编童话来加工

童话故事分享会结束之后，各组成员拿出自己的预测卡片，对比一下预测卡片上的内容是否和自己所阅读到的故事内容一致。如若不一致，再根据故事的一个情节，想一想接下来的故事可能怎样发展，并试着接着往下编一编。在小组内进行交流。

在班级图书角内创设一个童话工厂，同学们可以根据自己的想象试着编写一些新的童话故事，投递到童话工厂里，由老师和各组小组长对同学们所投递的童话故事进行修改，完善之后在班上传阅。

学生阅读的实践性在学习中也是至关重要的，引导学生积极参与，发掘学生真正的潜能，不能一味地对学生提出作业要求，组织适合儿童心理特征的语言，带领他们在实践中去感知生活，热爱自然，发现美好，做学生学习道路上真正的引路人是很有必要的。我们知道，"快乐读书吧"是课外阅读课程化的体现，在"快乐读书吧"实施的过程中，一般需要经过以下几个历程。

首先是通过精读课文的学习，激发学生阅读一类文章的兴趣，掌握一定的阅读方法；其次是在略读课文中练习学到的方法，提升学生自主阅读的能力，为课外阅读做好准备；最后是通过"快乐读书吧"栏目，联结课内外阅读，实现课内学方法，课外用方法。

而"快乐读书吧"栏目的实施并不是一次阅读课就能完成的，我们又可以将其实施简单分为三个阶段：第一个阶段是导读阶段。通过导读，激发学生阅读此类书籍的兴趣，教给他们阅读的方法，让他们想读书、会读书后进行阅读计划的拟订，按计划开展阅读。所以，在这个阶段中，安排学生做好阅读计划、阅读拾贝之类的作业是适宜的。第二个阶段是激励学生持续阅读阶段。经过一段时间的阅读，学生虽然有所收获，但是会出现一些方向或方法上的问题，在这个阶段中主要是了解学生的阅读情况，及时诊断及把握方向，因此可以根据不同的阅读内容要求学生做一些呈现阅读技巧的作业。如五年级上册阅读民间故事的时候，要求学生关注民间故事情节模式化的特征及故事主人公的特征，做相应的内容摘抄、思维导图等。第三个阶段是组织读书交流活动阶段。在这个阶段中，学生的自主阅读已基本完成，学生已经有了独属于自己的阅读体验，可以要求学生通过制作读书卡、讲阅读故事、表演课本剧或举办读书研讨会的形式来反馈，因此本阶段的作业更倾向于项目展示，除了检查学生的阅读收获之外，还关注学生综合能力的形成。

二、助"说"是智慧作业之要

"听说读写"是语文学科关注学生语文素养形成的四个维度，但往往很多时候，"说"总是会被淡化，在许多教师的课堂中我们都能寻到教师重视学生的积累，引导学生进行阅读，同时也重视表达，重视学生的写，其实"说"也是表达，即学生需要学会通过对语言的掌握，掌握如何恰当地表达自己的感受，从而锻炼自己讲话的艺术感。如何在作业练习中落实"说"的训练呢？

（一）连词成句说清楚

我们一起来看看陈娟在执教二年级下册《"贝"的故事》时，是如何指导学生在课中练习说话的。

师出示长句子："人们觉得贝壳很漂亮，很珍贵，喜欢把它们当作饰品戴在身上。"引导学生观察三个生词，分别是"漂亮""珍贵"和"饰品"。

然后出示学习多音字"漂"。先回忆这个字在上学期的《纸船和风筝》里学过，当时这个字读第一声piāo（漂浮），这篇课文里读piào（漂亮），然后引导学生谈谈生活中如何用"漂亮"来说一句话。

有的说："校园的小花很漂亮。"

有的说："我的老师长得很漂亮。"

还有的说："这件事你做得很漂亮！"

……

在引导说话的过程中，老师不仅教会了学生知道"漂亮"的意思，还通过这个词的交流打开了学生的思维，让学生联系生活实际进行说话，实现"说"助力于阅读的积累和习作的表达。

（二）发散思维说具体

语言是思维的外显，只有思维缜密，才能说出明晰的话。我们一起来看看杨昌印老师在教学《坐井观天》时，是如何设计课堂"说"的练习作业的，是如何引导学生发散开去"说"的。

师：在故事的最后，小鸟实在劝不动这只固执又自大的小青蛙，它对青蛙说：不信，你跳出来看一看吧。那你认为这只小青蛙有没有跳出井口呢？如果它真的跳出来了，它会看到什么？会遇到谁？会说什么、想什么呢？请把你的想法和小组同学交流一下。（生交流后汇报）

这个故事的结尾有很多的留白，教学时充分调动学生的积极性，激活他们的思维，让他们充分想象，那么简单的故事也就更为丰富。学生不但在想象中锻炼了思维，特别是和小组同学交流后，更在想象中加深了对故事寓意的理解。

（三）悟读明理说生动

作为教师，我们不仅要能让学生说得出，还需要指导学生说得清和说得好。所以，在布置作业的时候，要让学生明确"说"的要求，给予"说"的示范，而悟读明理说就是一个很好的指导学生说清楚、说精彩的方法。

我们一起来看看黄祖座老师在执教《爬山虎的脚》时，是这样布置练习"说"的作业的。

请同学们读课文，认真品读第3～5自然段，勾画出爬山虎是怎么往上爬的相关词句，然后想一想作者为什么能够发现爬山虎脚的细微的变化。现在你就是爬山虎，请你说一说自己"脚"的特点，同时再说一说为什么作者会发现自己的这些变化。

从这一作业设计中可以看出，黄老师在指导学生说清楚、说明白时是依托在认真读的基础上，做到了悟读。然后黄老师聚焦本课语文素养的落实，引导学生进行角色体验，自己就是爬山虎，抓住自己的特点来说自己"脚"的变化以及是如何往上爬的，同时又以爬山虎的视角说出这些细微的变化，没有细致的观察，不注意细微的变化是不会发现的，让学生自己在练说的过程中学会了观察的方法。

万丽老师在上口语交际课《父母的爱》时，设计了这样一道"说"的作业。

明辨是非我能行

请认真读一读，然后做一个判断，正确的打"√"，错误的打"×"，并说一说你的理由。

（1）爸爸妈妈都不许明明玩游戏，明明就偷偷去网吧玩。（   ）

（2）刘瑶的妈妈为了让她好好读书，什么事情都不让她做。（   ）

（3）妈妈不让我喝可乐，因为碳酸饮料喝多了对身体不好，我觉得妈妈是为我的身体着想，我应该感谢妈妈。（   ）

（4）爸爸妈妈为了我的一点小事就争吵，我认为他们不爱我，我要离家出走。（   ）

万老师以课本中的三个故事为基础，设计四个不同的场景，让孩子们判断对错，明辨是非，难度系数不高，就是想顾及每一位学生，让他们都敢于去说，使他们在完成作业的过程中获得成就感，增强学习的信心；同时，在引导他们在说中去甄别什么是溺爱、包办和尊重时，又在有意地引导他们说具体。

总之，关于"说"的作业设计，要优化说的内容、丰富说的形式，让学生敢于说出来，然后指导学生说清楚、说正确，最后做到说具体、说生动。要做到这些，我们还要给予学生"说"的方法的指导和帮助。

三、助"写"是智慧作业之本

我们期待着通过教与学，让学生在"写"方面实现"我手写我心"，让写成为学生表达自己真事与真情的需要，使他们在写中感受到快乐，从而爱上写。想实现这一目标，除了需要我们的课堂进行智慧教学外，作业的智慧设计与运用也将是一个很有实效的途径。

罗华老师在六年级上册第五单元的习作"围绕中心意思写"教学中，设计了这样的作业。

（1）"围绕中心意思写"完成的铺垫作业：学习了《夏天里的成长》后，想一想，这篇课文围绕中心写了哪些内容，请你分类列举出来，填在下面的思维导图里。

（2）"围绕中心意思"来选取相关的不同事例：《盼》这篇课文的课题只有一个字，作者却能从得到雨衣、盼穿雨衣、穿上雨衣三个事例围绕中心意思来表达，课文中的"我"终于如愿穿上了雨衣，心里该有多甜呀！生活中，我们也会有许多内心甜滋滋的时候，你能仿照"围绕中心意思列举事例"的方法，以"甜"字为题目拟一个习作提纲吗？

（3）以"初试身手"为习作"围绕中心意思写"完成的整合作业。

拓展采访题：以"初试身手"中给的题目《闲不住的奶奶》为例子，采访一下奶奶或身边的其他人，问一问他们每天都在忙什么，除了在家里忙，还在外面忙什么？这么忙是为什么？通过采访记录下他们忙碌的事例。

采访材料整理：思考可以选择哪些事例或从哪些方面来写，重点事例部分要写得详细、具体一些，以突出中心意思。

（4）完成习作：根据所选的字（可以是习作里的字，也可以是其他自己感受最深的字），想清楚自己要表达的中心意思，充分利用所选择的材料，围绕中心意思，确定重点材料，把重点部分写具体，完成一篇习作。

统编教材关注了习作难的问题，为学生习作搭好支架。所以，习作单元自成体系，具有整体性，因此在指导学生完成习作之前，这单元的精读课文、交流平台、初试身手、习作例文等都是为习作服务的，每个板块的作业设计都将能为学生更好地完成习作做铺垫。本单元的语文要素是：体会文章是怎样围绕中心意思来写的。围绕这一要素，教材安排了写人、记事、写景等不同类型的课文，包括精读课文和习作例文，引导学生体会怎样表达中心意思，帮助学生掌握围绕中心意思写作的方法。也就是说，这次习作教学把"围绕中心意思写的要点"贯穿于整个单元，所以，围绕这次习作，罗老师智慧地将作业安排分别渗透在各板块的教学内容里，降低了习作的难度，同时采用形式多样的方式让学生去完成作业，为最后完成习作搭建了支架。这种根据教学进度分批递进完成的作业设计真正实现了智慧作业。

四、助"用"是智慧作业之魂

《义务教育语文课程标准（2011年版）》提到，语文学习应注重语文与生活的结合，短短2万余字，光是"生活"一词就提了31次。而我们追根溯源，发现教育的目标是培养会生活的人。所以，助"用"是作业布置的灵魂所在，作业布置需要凸显其实践性和综合性，要引导学生面向生活，回归生活。

文元芳老师在《大自然的声音》一课的作业设计中，布置了前置作业、课中练习和课后作业，都关注了引导学生走向生活。我们一起来看看。

1. 自然寻宝（前置性基础作业）

（1）课文中，这些生字比较容易读错，请你多读几遍。

（2）课文中有许多描写大自然声音的词语，如"滴滴答答""叮叮咚咚"，你发现了吗？赶紧用笔把它们圈出来，认真读一读，摘抄在"采蜜本"里。

（3）课文中有许多写得很生动的句子，请你把自己最喜欢的句子画出来，认真读一读，摘抄在"采蜜本"里。

（4）和大人一起去大自然中走一走，听一听大自然的各种声音，试着用一些拟声词把自己感兴趣的声音记录在"采蜜本"上。

2. 自然模仿秀（随堂性探究作业）

（1）这篇课文很有特点，第1自然段是全文的中心句。请你画出第2、3、4自然段的中心句，写在下面的思维导图里，再仿照这样的句式，把你课前听到的印象最深的大自然的声音写在下面的思维导图里。

（2）"小溪淙淙，流向河流；河流潺潺，流向大海；大海哗哗，汹涌澎湃。"上一句的结尾就是下一句的开头，这样的语言现象多有趣啊！请你想象生活中的一个场景，运用这样的语言规律写一写吧。

3. 自然大舞台（后置性实践作业）

大自然的声音多么美妙啊！课后，请父母带着你再次走进大自然，去聆听大自然的更多声音，用生动、有趣的文字把你印象最深的声音记录下来，试着为这种声音设计一张明信片，可以这样开头："鸟儿是大自然的歌手……""厨房是一个音乐厅……"

整个作业设计分为三个板块，"板块一"属于前置性基础作业，在预习中以学习任务单的形式呈现，兼顾学习比较困难的学生，做到面向全体学生进行作业设计。通过"把课文读正确""摘抄拟声词和生动的句子""走进自然，聆听声音"帮助学生积累喜欢的语句，为接下来的学习积累语言素材。"板块二"属于随堂性探究作业，根据文本特点，从全文的中心句和段落的中心句入手，勾连"板块一"中"走进自然，聆听声音"的已知，有意识地引导学生进行语言形式的模仿，在仿写中感受文本的语言特点，有效提高学生的表达能力。"板块三"属于后置性实践作业，主要依托文本特点进行迁移运用，在习得习作方法的基础上进行再创造，在丰厚的人文底蕴中落实单元阅读要素和习作要素，培养学生的创新、实践能力，让语文学习回归生活。

我想，作业设计无论形式如何变换，我们都不能忽视学科特点，不能忘记学科任务，更重要的一点是不能忘记完成作业的主体是学生。所以，我们需要尊重学生生命个体，采用学生喜闻乐见的方式，关注学生个体差异，以高质量的作业实施去指导我们的课堂实施，服务学生的成长，引导学生走向生活。我相信，在智慧作业的设计与实施中，定能追溯作业设计的逻辑起点，奏好课堂言外之意，探寻一条通往学生全面发展的道路，且越走越宽，越走越远……

第二辑

文字里的烂漫山花

厚积·薄发

思绪啊

当你在心底酝酿

当你在笔尖流淌

就像那烂漫的山花

沁人心脾

就像那林间的音乐

清新淡雅

墨迹之中

任你欢腾

厚积

薄发

绘制了一个个斑斓的世界

……

"冰冻三尺，非一日之寒。"没有长时间的"厚积"，哪来绚丽多姿的"薄发"？

读写结合之巧

　　崔峦教授指出，语文教学应引导学生既得意又得言。是的，多年的教学实践，我发现其实语文教学就应聚焦在"读""写"两字上。"读"是语文的基础，是思辨，是积累，是沉淀；"写"是根基，是感悟，是表达，是升华。在此基础上进行科学有序的习作训练，读写结合是为语文教学之正道。

言意兼得方为本

——以《鱼游到了纸上》第二课时为例

一、教学前的思考

阅读是写作的基础，学生习作的积淀多从阅读中来。所以，做好阅读课的"文章"，可以提升学生的习作能力、口头表达能力。然而，难就难在这"文章"该如何做？如何把住读写课堂的主脉，使课堂上的读和写有机融合，以达到以读促写、以写促读的目的呢？

我以《鱼游到了纸上》这堂课的教学为例，去寻找这些问题的答案。细读这篇课文，我发现有几组对比鲜明的场景：第一组对比是西湖玉泉池边众人品茗观鱼的惬意、怡情与青年人一个人呆呆地、静静地观鱼的特别、孤寂；第二组对比是众人观赏时的喧闹、浮躁与青年人观鱼、画鱼时的忘我、宁静之状态；第三组对比是当"我"与青年对话而青年"不理""我"时，"我"世俗的看法与知道青年人是聋哑人这一特殊身份后形成的强烈心理冲突；第四组对比是文中女孩、"我"和青年轻描淡写式的人物对话所带来的冲击感，可谓是整篇文章的神来之笔和点睛之笔。有了关于这几组对比的清晰认识，一堂言意兼得、本真味浓郁的语文课似乎已在向我招手了。为了避免面面俱到，追求一课一得，我重点选择第二组对比建构这节读写结合的课堂教学。

二、教材解读、定位

《鱼游到了纸上》教学设计

【教材分析】

《鱼游到了纸上》选自人教版小学语文四年级下册第七单元第27课，这是一篇精读课文。文章按事情发展顺序，以青年人"特别"的举止为线索，随着"我"对他认识的不断深入，一位勤奋专注、画技高超的残疾人形象跃然纸上，作者的敬佩之情也越来越浓。

课文在写法上有两个特点：一是人物描写细致入微，对聋哑青年的外貌、神态、动作刻画传神；二是语言平实而含义深刻，很有启发性，令人回味无穷。

选编课文的目的，一是让学生从青年人做事勤奋、精神专注中受到感染，培养坚持不懈的品质；二是学习作者对人物的观察和描写方法。

【教学目标】

（1）体会文章的思想感情，培养学生做事勤奋、专注的品质。

（2）学习作者观察和描写人物的方法，指导学生写好人物对话。

【教学重难点】

（1）引导学生从语言文字中体会文章说明的道理，受到启发。

（2）读写结合，训练学生写出人物外貌的特点，写出不同人物的动作和语言特征。

【读写结合训练点】

（1）学写人物外貌：读课文第3自然段，学会抓住特点写人物外貌。

（2）学写对话：读课文第8自然段，想象人们议论的情景并写下来，指导学生写人物对话。

【教学准备】

多媒体课件。

【教学课时】

第二课时。

【教学过程】

（一）揭题导入，整体感知

1. 回顾课文内容，引导学生质疑

鱼为什么会游到纸上？

2. 自读自悟，交流

（1）自由读课文，思考：鱼为什么会游到纸上？这篇文章是在写鱼吗？

（2）学生交流讨论。

①鱼没有游到纸上，而是画到了纸上，画得栩栩如生。

②课文并非写鱼，而是写画鱼的青年。

设计意图：回顾课文内容，再次读题，进而引导学生质疑：鱼为什么会游到纸上？让学生带着问题自读自悟，思考讨论，明确课文并非写鱼，而是写画鱼的青年。

（二）读写结合，升华体悟

1. 认识青年，学写人物外貌

（1）这是一个怎样的青年，请用波浪线勾出描写青年的句子，说说他给你留下了怎样的印象。（生汇报后齐读）

PPT展示：

他高高的身材，长得很秀气，一对大眼睛明亮得就像玉泉的水。

（2）作者把他的眼睛比作什么？（玉泉的水）为什么要突出他的眼睛？

（3）群文链接，体会写法：对比一下这两处人物外貌描写和课文中写青年人的外貌的句子有什么共同的特点。（生齐读后交流）

PPT展示：

他穿一身旧制服衣裳，高大的身板有些单薄。一张瘦条脸上，栽着一些不很稠密的胡须，由于脸色显出一种病容似的苍白，那胡须看起来倒黑森森的。

——路遥《平凡的世界》

那鼻子之大，衬得全身都小了。据说实在是大得出奇，鼻梁是拱起的，鼻上全是疙瘩，颜色青紫，像茄子那样，鼻尖盖过嘴巴两三指宽。这样一个颜色青紫、疙疙瘩瘩的拱梁大鼻，使他那张脸奇丑不堪。

——塞万提斯《堂吉诃德》

（4）师小结：在描写人物外貌时，要抓住人物的特点来写，这样能更好地表现人物的个性。

（5）生：他爱鱼到了忘我的境界。读写训练一：学习作者描写人物外貌的方法，凸显人物特点，用几句话写出一个你熟悉的人物的外貌特征。（生练笔，师巡视点拨）

（6）学生练笔展示与评价。（点评要求：说一说你听出了人物的什么特点）

岩岩：老陈开始认真地讲课了，班上几个调皮的同学都不敢讲话了，怕被她那"明察秋毫"的火眼金睛盯住。这不，我同桌的同桌的同桌旁边的杜同学小声嘟囔一句，立刻就被老陈看见了，朝杜同学使出一招"瞪眼杀"，杜同学被这道凌厉的眼神吓得不轻，赶紧捧起书本，认真听课，整节课都不敢开小差了。

杀敌一千，自损八百。就是这招"瞪眼杀"曾让多少同学从天马行空的胡思乱想回到紧张而有趣的课堂，但这也让我们师生之间拉开了"距离"，因为许多同学觉得陈老师特凶，说她是"女汉子""女强人"，不敢轻易和她套近乎。

2. 文中哪句话道出了"鱼游到纸上"的原因

师：青年人能把鱼画得栩栩如生，是因为——

PPT展示：

说他"特别"，因为他爱鱼到了忘我的境界。

（生齐读）

3. 青年是怎样让鱼游到他的心里的

（1）指名交流。

（2）出示句子，再次齐读。

PPT展示：

① 他老是一个人呆呆地站在金鱼缸边，静静地看着金鱼在水里游动，而且从来不说一句话。

② 他告诉我，他学画才一年多，为了画好金鱼，每个星期天都到玉泉来，一看就是一整天，常常忘了吃饭，忘了回家。

③ 哪些字词让你体会到了他看鱼的认真？请圈出来并带到句子里读一读。

4. 欣赏青年画鱼

（1）师读第7自然段，学生想象青年画鱼的动作，指名到黑板前模仿青年画鱼的样子，理解"工笔细描""挥笔速写"。

（2）引读第8自然段，相机理解"融为一体"。

（3）读写训练二：人们会怎么赞叹？怎么议论？想象不同的人会说什么？说的时候会有怎样的动作和表情？把议论的场景具体写下来。

（生练笔，师巡视点拨）

（4）学生练笔展示与评价。

PPT展示：

铠铠：

一位胡子花白的老爷爷一边捋着胡须，一边赞叹道："这小伙子不错，把鱼都画活了！相信，只要他这样坚持下去，将来肯定有大出息！"

旁边戴眼镜的老人也连连点头："是呀！你看他的认真劲儿，真让人佩服呀！"

评价要点：写两个老人的对话关注到了说话的对象和说话人的神态、动作和语气。如果能适当变换提示语的位置，把后一句的提示语写在话语的后边，效果会更好。

新叶：

晨练的老婆婆们也被这青年吸引了，她们围在青年人身边，欣赏着他画的每一条鱼，还不停地点头称赞。

"你看他一会儿工笔细描，一会儿挥笔速写，把鱼都画活了！"

"是呀！这鱼就好像从缸里游出来似的！"两个老婆婆小声议论着。

旁边的大姐姐眼睛一动不动地盯着他画的鱼，一脸佩服："难道他手里有一支神笔吗？竟画得这样栩栩如生！"

"你们看，鱼都游到他的纸上来啦！"旁边的小男孩也拍手跳起来。

评价要点：想象十分丰富，通过在场老婆婆的议论，大姐姐和小男孩的语言充分表现了青年人画技之高超，把议论的画面写得很生动。尤其是说话的人的表情、动作以及说话的语气和内容都恰如其分，提示语位置的变化使对话显得更为生动，不刻板。

设计意图：这一部分是教学的重难点，教师抓住"鱼为什么会游到纸上""鱼是怎样游到青年人的心里的""青年人是怎么画鱼的？人们是怎么称赞他的"这些问题引导学生读和悟，加深学生对文本的理解，激发学生学习青年人勤奋、努力的品质。同时，设计两处读写结合点，以文本为依托，引导学生学写人物外貌和人物的对话，教给学生练笔的方法，依托文本内容进行当堂训练，使学生理解感悟与语言文字的运用能力真正得以提升。

（三）总结延伸

（1）点明青年"聋哑人"的身份，使学生受到感染，学习青年人坚持不懈、勤奋努力的品质。

（2）你还认识哪些人，他们也像这位青年人一样让你佩服吗？让我们课后也去读一读他们的故事，学习他们的优秀品质。（生交流，师相机推荐课外阅读的内容）

设计意图：总结新课，并在交流讨论中拓展阅读，尊重学生阅读喜好，尽量在交流中拓宽阅读的面，使课内阅读更好地延伸到课外，润物无声，使学生在潜移默化中受到熏陶。

【板书设计】

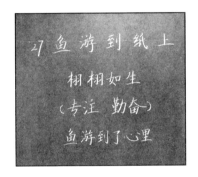

三、教学体验

千篇千律，总胜于千篇一律；千人千课，总胜于千人一课。一堂成功的课，就像一道美味可口而又从来不曾相遇的佳肴，既让人垂涎三尺，又让人陌生感十足；一堂成熟的课，就像一幅细腻别致而又懂得留白的写意画，既让人流连忘返，又让人心旷神怡。所以，我从课文中众多的对比线条中选择了"众人观赏时的喧闹、浮躁与青年人观鱼、画鱼时的忘我、宁静之状态"进行教学，可谓"众人皆闹我独静"。

本课教学安排在第二课时，要求学生在充分了解文本内容的基础上，引导学生通过阅读体会人物的品质，领悟写作的方法，既关注情感主线，又注重写作方法指导，实现语文课堂人文性和工具性的和谐统一。

安排的两处练笔，紧扣课文内容延伸开来，学生容易领悟，也容易着笔练习，练笔反馈非常好。真正实现了以读促写、以写促悟的目的。在各个教学环节，处理比较巧妙、灵活，如在点评学生作品时，既关注到了学生习作的内容，又体现了习作方法的点拨和巩固，达到了以点带面的效果。

"课堂是一门遗憾的艺术。"这节课仍然还有很多有待雕琢的地方，如前半部分内容耗时太多，语言不够干净利落，一些不重要的细枝末节还可以再次删减，这样就能为后边的教学腾出更多的时间，使教学重点更为突出，教学更有层次性和梯度性。板书设计如能直观体现写作方法的指导会更好，所以，板书设计的修炼也是一门不容小觑的功课。

总之，理想中的读写结合教学，应该追求的是文中对话之神韵："鱼游到了你的纸上来啦！""先游到了我的心里。"

课上到学生心里去啦！

先上到了我的心里。

弱水三千，只取一瓢

——以《祖父的园子》第二课时为例

一、教学前的思考

著名作家冰心曾说："童年啊！是梦中的真，是真中的梦，是回忆时含泪的微笑。"每次捧起萧红的《祖父的园子》，总会勾起我们那些纯真、难忘的童年趣事。从作家的故事中，似乎总能浮现出发生在我们身上的那些故事的影子。而这，用来尝试读写结合的教学再合适不过了！

我们都知道，精读课文的教学主要是引导学生习得方法，而略读课文的教学主要是引导学生运用方法。根据课文前面的阅读提示，我明确了这堂课的教学主线，即重温课文中那些让"我"对童年生活久久不能忘怀的情景，抓住人物的动作、语言、神态体会人物的心情，并试着运用学到的方法进行表达。教材是指导学生习作的好范例，教师要用好教材、用活教材、大胆创新，方能激起学生思维的浪花，解锁学生快速成长的密码。著名特级教师武凤霞曾经在自己的学校带着全校教师大力研究并推行读写结合教学模式，给了我很大的启发。如果在教学中我们真能这样读写并行，读写并重，以读促写，以写促悟，那将会迎来语文教学百花盛放的春天。

二、教材解读、定位

《祖父的园子》教学设计

【教材分析】

《祖父的园子》是统编小学语文五年级下册第二单元第2课的课文。这是一篇略读课文，随着作者萧红富有诗意的语言，我们走进了祖父的园子。祖父的园子是一幅明丽的、漂亮的、富有童话色彩的画，画里有树、有花、有菜、有庄稼、有蜻蜓、有蝴蝶、有蚂蚱、有小鸟、有风、有雨，还有太阳的光芒和云朵的影子。这是作者童年的乐园（作者曾称它为自己的后花园），就像作者说的一样："花园里边明晃晃的""新鲜漂亮"。

这里一切都是欣欣然的，充满了生命的气息。这里是自由的，花是自由的，鸟是自由的，虫子是自由的，菜是自由的，什么都是自由的。空气里弥漫着自由，童年的作者也是自由的，这自由是她童年快乐的源泉。

课文重点写了作者在园中自由自在的童年生活。跟着祖父在园中栽花、拔草、种白菜、铲地、浇水，当然，这都是童年游戏的内容，不是真正的劳作，是"乱闹"，至于摘黄瓜、追蜻蜓、采倭瓜花、捉绿蚂蚱，更是孩童的游戏了。玩闹累了，就在园子里睡下。当然，让作者感到自由快乐的不光是祖父的园子，还有慈爱的祖父。他给了孩子心灵的自由，允许孩子随便玩闹，对孩子倾尽了爱心和耐心。他的爱放飞了孩子的天性，在他暖融融的爱的包围下，才有了孩子自由、快乐、幸福的童年。正是因为作者的心灵是自由的，所以在她孩童的眼里，一切才是自由的，快乐的，甚至是充满梦幻色彩的。

孩子气十足的腔调，春天的泥土般新鲜的语言，诗意浪漫的景物描述，是本文表达方式上的突出特点。

【教学目标】

（1）有感情地朗读课文，理解课文内容，体会萧红的自由和快乐，感悟其清新浪漫、孩子气腔调的语言表达方式。

（2）学习借景抒情的写作手法，仿照文章句式描写园中景物的自由，促进学生对文本的感悟。

（3）通过阅读拓展，激发学生了解萧红并阅读其作品的兴趣。

【教学重难点】

（1）有感情地朗读课文，体会萧红的自由和快乐，感悟其清新浪漫、孩子气腔调的语言表达方式。

（2）仿照文章句式描写园中景物的自由，了解借景抒情的写作手法，促进学生对文本的感悟。

【读写结合训练点】

学习借景抒情的写作手法，仿照文章句式描写园中景物的自由，促进学生对文本的感悟。

_____了，就像_____似的。

_____愿意_____就_____，愿意_____就_____。

【教学准备】

（一）学生准备

（1）课前查阅资料，了解萧红及其作品。

（2）课前认真预习课文，能正确、流利地朗读课文，初知课文大意，说说这是一个怎样的园子。

（二）教师准备

多媒体课件。

【教学课时】

第二课时。

【教学过程】

（一）课前交流，活跃气氛

（1）交代听课的要求。（由"活"字说开去，相机点拨学生：耳朵要会听，眼睛要会看，脑子要思考，嘴巴要敢说）

（2）简单交流：在生活中，最让你感到快乐和自由的是什么？

（3）这节课陈老师要带着大家回到80年前，去感受那时候作家萧红童年的自由和快乐。

设计意图：课前用幽默风趣又略带激将的语言方能抓住学生的"心"，让他们跟着教师的思路走。这样既激活了课堂气氛，又为新课学习做了铺垫，达到事半功倍的效果。

（二）预习检测，整体感知

1. 揭示课题，了解出处

师：这节课，咱们将从读写结合的角度来学习一篇略读课文《祖父的园子》，课文的作者是谁？《祖父的园子》选自她的——（《呼兰河传》）。

2. 课题质疑，初读感知

师：《呼兰河传》是萧红的自传体小说。所谓自传则是以记叙作者生平经历为主的传记，小说里的我就是作者自己。萧红在这本小说里用了很多笔墨来写她的童年，写家里的园子，她称那是祖父的园子，自己的后花园。这究竟是一个怎样的园子？相信，通过课前预习，你们已经有了答案，请用这样的语句告诉我。

（生汇报）

PPT展示：

这是一个_____的园子，园子里的一切都是_____。

设计意图：开门见山，直奔主题，通过初步了解文本信息，使学生对文章的来龙去脉有一个初步的了解，以"这是一个怎样的园子"的问题，引导学生初读感知，并就文本进行梳理概括，让学生对祖父的园子有初步的印象。

（三）聚焦重点段落，体会自由

（1）扫读课文，迅速找出文中具体描写园子自由的段落，再用自己喜欢的方式自由阅读这个自然段，用圆圈圈出段落中描写的景物，用波浪线勾出这一段的中心句。

提示：扫读是一种阅读方式，只需用眼球快速移动，迅速找到关键的内容。练好扫读，也就修炼了古人"一目十行"的本领。

（2）生阅读后汇报，师相机引导学生理解"倭瓜"（南瓜，北方人把长条形的南瓜叫作倭瓜），课件出示中心句。

PPT展示：

一切都活了，要做什么，就做什么。要怎么样，就怎么样，都是自由的。

（3）抓住中心句中的"一切"和"自由"，丰富学生对园中景物的想象。

师：园子里仅有"花、鸟、虫、倭瓜、黄瓜、玉米、蝴蝶"吗？还有什么？

生：不是，还有……

师：你是怎么知道的？请找出证据来。（引导学生再读中心句，抓"一切"）

生：我从这句话中的"一切"知道了园子里所有的景物都是自由的。

师：是呀，正如作者所说，园子里"样样都有"，都有什么呢？让我们的思绪回到乡野田园，你所看到的、想到的、玩过的，园子里都有。（生自由说并将其写在黑板的副板书处）

师：咱们一起来看看园子里都有些什么。（了解学生在黑板上写的景物，可以相机进行拓展点拨）这些景物都是——

生：自由的。

师：所以作者说"一切自由"，请再读。

PPT展示：

一切都活了，要做什么，就做什么。要怎么样，就怎么样，都是自由的。

（4）作者是怎样表现它们的自由的？引导学生通过朗读来体会，并在朗读中领悟作者写作上的技巧。

PPT展示：

花开了，就像睡醒了似的。鸟飞了，就像在天上逛似的。虫子叫了，就像虫子在说话似的。

① 师生合作读，师读前半句，生接后半句，提示学生跟上老师的节奏。（教师在朗读时有意识地注意语句的轻重缓急和不同的读法，让学生初步感知不同读法的表达效果，从而初步感知花、鸟、虫的自由）

② 师提问：如果你是园中的花，你想怎么开？如果你是鸟，你想去哪儿逛？如果你是虫子，你想怎么叫？请用朗读告诉大家。（师灵活点评，让学生在朗读中逐渐转换角色，感受自由）

③ 在这样的文字里，你读出了花、鸟、虫的什么？（自由、快乐）从写作技巧上，作者是怎样表现它们的自由的？（拟人、排比）

师相机引导学生提炼句式并课件出示：_____了，就像_____似的。

④ 你能仿照这样的句式说一说吗？

⑤ 我们接着读，引读——（跟读、女生读、男生读）

PPT展示：

倭瓜愿意爬上架就爬上架，愿意爬上房就爬上房。黄瓜愿意开一朵花，就开一朵花，愿意结一个瓜，就结一个瓜。若都不愿意，就是一个瓜也不结，一朵花也不开，也没有人问它。玉米愿意长多高就长多高，它若愿意长上天去，也没有人管。

⑥ 现在，你们就是那园子里的倭瓜、黄瓜和玉米，你们想要怎样的自由？请用朗读告诉我。（指名读，暗示学生把景物换成"我"来读）

⑦ 我想，咱们这园子里除了倭瓜、黄瓜、玉米，还会有蜻蜓、桃花、蚂蚱……你们的自由又是怎样的？请用这样的句式来告诉我们大家吧！（生自由说，师提示大家猜一猜它会是谁）

PPT展示：

_____愿意_____就_____，愿意_____就_____。

⑧ 愿意怎样就怎样，在这些语句中，我们同样感受到了园中景物的——（自由）作者用到了什么写作手法？（拟人、排比、夸张）这样的语言让你读起来有怎样的感受？（直白、随性、孩子气、清新浪漫……）

⑨ 师小结：这就是萧红的语言，孩子气十足，简单直白，随性浪漫，有一位作家曾评价她的语言是"裸露的真实的美"。大家可以在课后多去品读、感悟。

（5）领悟借景抒情的写作手法。

师：一切景语皆情语，萧红仅仅是在写园中景物的自由吗？

生：不是，她是在借园中的景物来抒发自己内心的自由。

师：说得真好，这样的写作手法就叫作"借景抒情"。（板书：借景抒情）

设计意图：聚焦重点段落，逐层深入，引导学生初读圈画批注，抓关键字词想象体会，有感情地朗读和感悟，情境练说和交流，让学生逐步亲近文本，体会童年萧红的自由快乐，感悟作者语言表达的特点。在引导学生朗读感悟的同时，注重评价与点拨，注重写作方法的指导，使人文性与工具性得以和谐统一。

（四）读写结合，升华体悟

（1）只有用自由而富有灵性的心感知到的事物，才会如此无拘无束！园子里自由的一切不正是萧红自由快乐的童年写照吗？萧红用这样自由、随性、充满孩子气的语言来表达了自己内心的自由，你内心的自由又是怎样的呢？让我们也借用这样的句式，让我们内心的自由流淌于笔尖吧。（生自由练笔）

PPT展示：（配轻音乐）

_____了，就像_____似的。_____了，就像_____似的。_____了，就像_____似的。一切都活了，要做什么，就做什么。要怎么样，就怎么样，都是自由的。_____愿意_____就_____。_____愿意_____就_____。若（都不）_____愿意，也_____。

（2）生练笔反馈。

晓芳：蚂蚱跳了，就像比赛跳远似的。玫瑰开了，就像赶趟儿似的。蚯蚓出来了，就像在土里实在闷得慌，想出来透气似的。一切都活了，要做什么，就做什么。要怎么样，就怎么样，都是自由的。白菜愿意长多高就长多高，李子树愿意结几个果子就结几个果子，若是一个都不想结，谁也管不着。萝卜愿意长多胖就长多胖，若是不想长胖，想变身窈窕淑女，那也是它的自由。

辰辰：草儿探出头来了，就像刚睡醒似的。蜜蜂飞来了，就像看见了美丽的花朵要去采蜜似的。青蛙叫了，就像在唱歌似的。一切都活了，要做什么，就做什么。要怎么样，就怎么样，都是自由的。葡萄藤愿意爬上架就爬上架，愿意爬上房就爬上房。柳树愿意冒出新芽就冒出新芽，愿意长新枝就长新枝。若是都不愿意，就是一个新芽也不冒，一根新枝也不长，也没有人问它。野玫瑰愿意开几朵花就开几朵花，它就是一朵花也不开，也没有人去管它。蜻蜓随意地飞，一会儿从湖边飞来一对红蜻蜓，一会儿又从湖边飞走几只绿蜻蜓。它们是从哪儿来的，又飞回哪儿去？谁也不知道。

设计意图：在对重点段落充分悟读的基础上，创设情境，引导学生当堂练笔，并用激励性的语言提示学生要讲究时效，这样的处理是很得当的。当学生完成习作时，进行及时而又有针对性的点评，这样更能培养和提升学生的语用能力，实现语文的工具性。

（五）继续探究，寻自由之缘

师：这样的语言让我们内心的自由得以尽情抒发。孩子们，童年的萧红之所以是自由、快乐的，那是因为——

生：她有一个慈爱、宽容的祖父。

师：是的，只有爱才能撑起一片自由的天空。而这爱的点滴又蕴藏在一件件事中，课文第4～15自然段具体讲到了"我"在园子里所做的事情，请大家课后用心去读一读、悟一悟，在原著中也有很多这样的内容，如果你用心去品读，你会看到他们爷孙俩形影不离、其乐融融的温馨画面。

设计意图：这一环节粗线条的处理，更好地体现了略读课文的教学特点，也使整堂课有的放矢、重点突出，教师有意识地引导学生将课内学习转换为课外阅读探究，使学生的课后学习有方向、有目的，真正发挥了教师课堂上牵线搭桥的作用。

（六）课外延伸，激发阅读兴趣

师：祖父的慈爱和宽容，给了萧红一个自由、快乐的童年，也给萧红的人生涂上了绚丽的底色。那么，当萧红失去了她的祖父，离开了家，离开她心爱的园子，她又会经历怎样的人生呢？让我们来读读《呼兰河传》尾声部分。

（课件出示，配《乡愁》音乐，齐读）

PPT展示：

> 呼兰河这小城里边，
>
> 以前住着我的祖父，
>
> 现在埋着我的祖父。
>
> 那园里的蝴蝶、蚂蚱、蜻蜓，
>
> 也许还是年年仍旧，
>
> 也许现在已完全荒凉了。
>
> 小黄瓜、大倭瓜，也许还是年年地种着，
>
> 也许现在根本没有了……

师：读了这段文字，你有怎样的感受？

生：我读出了作者淡淡的哀伤。

生：我读出了萧红对祖父的思念，对童年生活的怀念。

生：……

师：是的，著名作家茅盾先生曾对萧红的《呼兰河传》有这样的评价，它是"一篇叙事诗，一幅多彩的风土画，一串凄婉的歌谣"。（课件出示）萧红曾说自己一生受尽冷遇白眼，命运坎坷凄凉。萧红，她究竟经历了怎样的人生？是什么铸就了这位了不起的文学洛神？让我们课后去读《呼兰河传》吧。

设计意图：课堂，无非就是设法为学生打开一扇窗，指引一条路。由一篇课文回归到一本书、一个人，甚至更多相关的作品，这才是语文教学的宗旨。这一环节的处理更好地激发了学生课外阅读探究的兴趣，使课堂教学得到了更好的延伸。

【板书设计】

三、教学体验

有人说，一辈子学语文，一辈子学教语文。与一辈子相比，40分钟的时间真的太短暂，说是"转瞬即逝"也不为过。面对这样一个篇幅相对较长的散文体裁作品，在短短的40分钟里，我们的教学该何去何从？是追求面面俱到，还是追求一课一得？答案肯定是后者！

教师的"无为"，恰恰能衬托学生的"有为"！所以，我的课堂教学不能一味地注重"灌输"，那反而于无形中剥夺了学生自主学习的权利、自我领悟的空间，最终培养了他们等待"接收"的懒惰意识，老师变成了他们眼中的"能人"。这也是许多老师的课堂教学常常出现拖堂的原因所在。当进行了精准的文本解读后，明确了教什么、怎么教后，我下定决心放手，让学生自主发现、自主探究。就这篇课文而言，我的教学重点是聚焦课文第17自然段，引导学生在文字中体会作者的自由和快乐，感受作者的语言特点，习得作文的方法，再借用这样的句式来书写自己的自由。如果我在课堂上能突破这一点便足矣，其余的内容能讲则讲，若没有时间讲，便只能为学生牵线搭桥，启发他们去自读自悟。所以，我果断地把后半部分"寻自由之源"的大部分内容删掉，"从文字中体会祖父的慈爱，领悟文段中恰当引用对话的妙处"便成了学生课后探究的问题，教师需要的只是指引方向而已。这样一来，感觉轻松了很多，也为学生当堂练笔省出了更多的时间，做到了有的放矢。

在最终呈现的教学课例中，学生的表现十分灵动，他们真正把文字读进了心里，读出了自己的感悟，读懂了萧红的自由快乐，在练笔时也是得心应手，流淌出了很多优美、真实、童真的文字。最让我感动的是，当在课堂尾声引读《呼兰河传》尾声部分时，学生情不自禁地把声音压得很低很低，跟随着孩子们的朗读，我们都真切地感受到了萧红人生的凄凉，我的心隐隐作痛，眼里盈满泪水，孩子们也随着我流泪。课前和课中的快乐自由过渡成淡淡的忧伤，默念着萧红的名字，我感受到的是揪心的痛，这就是文字的魅力呀！

总之，这堂课的教学，我不仅是教给学生知识，还让学生去真正感知，用合理的引导促进学生的情感体验及表达，让他们进入文本描绘的自由、快乐的世界，并与作者、编者产生情感上的共鸣。文本的世界灿若星河，而我们的教学则仿佛沧海一粟，所以我们得记住：弱水三千，只取一瓢！

让阅读向更深处漫溯

——借"读写结合"课堂四维度，促农村学生阅读之深广

阅读教学的"教"包括"课内"和"课外"，可现实状况是"课内"不得法，"课外"投入不足或明显缺乏，这种现象在农村尤为凸显。那如何将农村孩子的阅读向更深处引导？我结合自己多年来的教学实践，认为可以借"读写结合"课堂教学四维度（即借"读写结合"课堂之"趣"度，激农村学生阅读之所"兴"；立"读写结合"课堂之"法"度，予农村学生阅读之所"依"；丰"读写结合"课堂之"厚"度，务农村学生阅读之所"实"；构"读写结合"课堂之"评"度，指农村学生阅读之所"达"）的立体指导，从而让农村孩子的课外阅读能真实有效地发生，向更深处漫溯。

我行走农村课堂多年，发现农村的阅读教学仍处在这样一种现状：只听到空洞苍白的呐喊，却没有方法指导，没有课外读物支撑，没有家庭陪伴，没有检查评价等。且教师在教学中的"教"投入不足或明显缺乏，导致农村孩子的阅读一直处于浅水洼，无法深入。基于此，我借用对"读写结合"课堂立体化的实施，通过"教之有趣""教有所依""教有所实"和"教有所评"在课堂教学的每一个环节夯实对学生的指导，从而化解农村学生阅读教学之难，使农村孩子的阅读能真实有效地发生，并向更深处漫溯。

一、借"读写结合"课堂之"趣"度，激农村学生阅读之所"兴"

农村学生的阅读教学一直以来难以推进，是因为学生没有感受到阅读的快乐，没有体验到因阅读带来的表达上的成长。因此，作为教师，不仅要关注课堂之"趣"，还要结合"读写"之巧来实现对学生的引导，使学生置身于轻松

和谐的环境中，得到指向听说读写的阅读训练。我在执教统编教材三年级下册第13课《花钟》时，在课堂中引导学生品读重点语句的环节中，激发学生关注语言特点的兴趣，找到了模仿表达的快乐。

师：同学们，作者说"牵牛花吹起了紫色的小喇叭"。你觉得牵牛花此时会是什么样的心情？

生：它多开心啊！

师：好，你就是那朵开心的牵牛花，请你读出它的开心。

（生读句子）

生：老师，我觉得牵牛花还很自豪。

师：来，自豪的牵牛花，请你来读一读。

生：读句子。

师以同样的方式引导学生品读"蔷薇绽开了笑脸""昙花却在九点左右含笑一现"等句子，引导学生品味这些句子的美丽。然后相机引导：同学们，我们的学校很美丽，你们都关注到花坛里绽放的花儿了吗？

生：关注到了。

师：那你们觉得校园内还有哪些景物也很美呢？

生：假山。

生：流水。

生：桂花。

……

师：我们也试着用作者这样的表达方式来说一说这些景物吧。

关注表达往往要比关注内容更重要，教师在保证课堂教学之趣的同时引导学生尝试运用课文中的语言结构和表达方式来描绘身边的事物，引导学生学会观察、学会思考、学会表达。

二、立"读写结合"课堂之"法"度，予农村学生阅读之所"依"

在阅读教学中，不少教师不重视表达方法的教学；不注意根据不同的阅读教学内容加强对学生阅读方法的指导，从而导致学生无法归纳和形成自己的阅读经验，不能指导其深入阅读。我结合教学实践，建立"读写结合"课堂教学的"法"度，为农村学生的阅读积淀了好的方法。我在教学《桂林山水》时，注重引导学生去品味文本特点，从而习得表达方法。

师：同学们，你们是从哪里体会到桂林的山之"奇"？

生：一是"拔地而起，各不相连"。

师：是的，你很会发现。还有吗？

生："奇峰罗列，形态万千"。除了像老人、像巨象、像骆驼。想象一下还有哪些形态？

生1：有的像背着娃娃的妇女，有的像好斗的公鸡，有的像下山的猛虎。

生2：有的像含苞欲放的莲花，有的像捧书而立的书童，有的像敞胸露肚的罗汉。

师：我们再来看看文章是如何描写桂林的山之"秀"的？

生：课文打了两个比方，"像翠绿的屏障，像新生的竹笋"。

师：是的，这就是"秀"的表现——色彩明丽。

师：那么你又是从文中的哪些地方体会到"险"呢？

生：课文用"危峰兀立，怪石嶙峋"概括了这一特点。

生：老师，还有"好像一不小心就会栽倒下来"这句话突出了桂林的山的"险"。

师：是的，作者运用了十分贴切的比喻和恰当的形容，给人以身临其境的感觉。那我们能不能学着用这样的行文方式，来写写我们熟悉的景物呢？

（生练笔）

玥颖：公园里的花真多啊，多得一片片，一丛丛，一簇簇，遍地都是；公园里的花真美啊，美得红的似火，粉的似霞，白的似雪；公园里的花真可爱啊，可爱得有的吹着喇叭欢迎你的到来，有的像蝴蝶在翩翩起舞，有的像害羞的小姑娘整天红着脸躲在草丛中。

译丹：天上的云真奇啊，一会儿变成牛，一会儿变成羊，谁也琢磨不透它待会儿会变成什么来和你碰面；天上的云真多啊，大的小的，圆的扁的，厚的薄的，密密麻麻地遍布在天空中的每一个角角落落，像是要把天空填满似的；天上的云真怪啊，时而黑时而白，时而白时而黑，像是一个个法力无边的魔术师在为你变戏法……

在文章潜移默化的影响下有意识地从中寻求启发和借鉴，然后去仿写；接着又将写时所获得的语言能力运用到读中去，带着品析的目光去悟文字之美，行文之法。这样的指导，无疑是授学生以"渔"，受益终生。

三、丰"读写结合"课堂之"厚"度，务农村学生阅读之所"实"

课堂教学的"厚"度，个人认为除了由一个个"精准知识"组合而成外，还由一篇篇、一组组和一本本书积累而成。农村孩子的阅读指导，在"有趣"和"得法"之后，应该向更深处引导，即增强"厚"度，务学生阅读之所"实"。

（一）依托链接群文阅读丰盈"厚"度

我们都知道，教材无非是个例子，它给我们提供了教学的方向，但是只露出冰山上面的一角，而冰山下面涌动着的无限内蕴却需要我们带着孩子去挖掘。

丰盈"读写结合"课堂教学的"厚"度，我经常依托链接群文阅读的实施来达到。众所周知，群文阅读不是按主题组合的，而是深入文本内部，更多关注文本的形式。所以，在这种视角下进行的读写结合训练，对提高农村学生的阅读能力和写作能力都大有裨益。如我在教学《故事中的狐狸》时，为了引导学生创编关于狐狸的故事，便给了学生一组阅读材料，有《狐假虎威》《狐狸孵蛋》《衷情的小狐狸》《狐狸和马》，通过阅读这些故事，学生对狐狸有一个立体的认识，从而使他们的思维灵活开放——能从多角度去认识狐狸，所以其笔下的狐狸也多样起来。

（二）依托开展阅读活动丰盈"厚"度

我经常将自己的"读写结合"课堂延伸到课外，那样不仅打破了课堂的界限、学科的界限，还引领着孩子们在更广阔的天地去阅读。如编排课本剧、演讲比赛、讲故事比赛、诗文朗诵比赛等。但我觉得做得最好也最适合农村孩子的要数"找找我身边文字背后的故事"这个活动。

这个活动的灵感来源于教学丰子恺的《白鹅》时，我和学生聊起鹅的习性，一个平日里成绩一般的小家伙居然给大家提供了很精彩的答案。后来了解到他科学且全面的回答是因为他阅读了他爸爸买的家禽饲养说明书。这可给我以很大的启示，原来农村到处都有阅读的载体呀！只是它们不是以书的形式呈现，而是一些非文本、非连续性的多样的文字，但这并不影响孩子们的阅读吸收呀！

于是，我开放了阅读的空间，也开放了阅读呈现的形式。孩子们在活动中收获连连：他们在家里、在村头巷尾、在田间地头，那些房前屋后的广告、那些田园里挂着的植物介绍都成了他们喜爱的阅读内容。学生交流的时候可积极了，有的今儿个告诉你如何养鸡，有的明儿个又欣喜地告诉你为何田里的秧苗会枯黄……那阵势可比平时的读书交流深刻多了。当这样真实的读书收获呈现出来时，让我明白，这样的阅读不仅开阔了农村孩子的视野，还提升了他们的综合能力和语文素养。

（三）依托引进课外读物丰盈"厚"度

和农村学生谈身边的阅读材料时，我发现了虽然他们的课外读物不多，藏书很少，但作为老师，还得给孩子们一个方向，那就是要进行大量的整本书的课外阅读。为了将语文的学习由课内拓展到课外，我在"读写结合"课堂教学中加大对课外读物的引进，主要方式就是学习完一课，把相关的课外阅读材料介绍给他们。介绍的形式多种多样，可以是整本书推荐，可以是篇目节选，也可以是资源包链接。如学习《负荆请罪》一课时，我给学生链接这个词语的有关资料的来源，给他们打印成资源包发给他们；学习完《祖父的园子》时，给学生介绍萧红的《呼兰河传》，并把自己的藏书在班上传阅；学习完《小草和大树》时，向学生推荐《简·爱》等。

四、构"读写结合"课堂之"评"度，指农村学生阅读之所"达"

及时反馈和评价不仅让学生知道自己对在哪里，错在哪里，还能让学生明白在读写中需要达到什么样的目的。在我的"读写结合"教学课堂上，明确提出了"教什么"就"评什么"，这种评价直指教学重点，无疑给学生指明了方向。知道评什么后，就是如何评的问题了，我主要采用的是课堂实践多元评价制度，即教师、学生和家长的评议。

教师的评价注重做到及时准确，我总是根据学生的自读、议读、有感情朗读等来判定他们的阅读能力，又用调查问卷的方式了解他们的阅读量，然后及时在班上公布评级加星，并举行一月一次的"阅读之星"颁奖会。另外，我还将学生在阅读后所写的文段装订成册，在班级传阅，学生在品读自己文字和别人文字的过程中，总有一种说不出的幸福感和成功感。学生评议是学生间的互评，他们在评议中相互启发，集思广益，促进"集体创造力"的发展；家长评价比较纯朴，有时是一句话，有时是一个赞赏的眼神，有时甚至只是一个微笑，但这些都足以让孩子们激动不已，信心百倍。

综上所述，"读写结合"课堂教学的立体呈现，让学生在读写之后回归到更独立、更多元的阅读中去。它给孩子们打开了阅读的视窗，注入了阅读的动力，给予了阅读的方法，提升了阅读的素养，享受了阅读的乐趣。我想，只要持之以恒地去实践，农村学生的阅读教学就一定能向更深处漫溯……

学生"语用"能力的实现不是梦

——浅谈课堂教学中落实语言文字训练的几点思考

学语言，用语言，是语文教学的核心目标。我行走课堂，发现老师们在对学生进行语言文字训练的过程中存在"乏味""浅显""僵化"等现象，通过实践摸索，我认为，可以从四个方面落实语言文字的训练，以提高学生的"语用"水平。首先，依托读写结合的语用训练，应在情动处指导着笔；其次，依托读写结合的语用训练，应在质疑处引导深究；再次，依托读写结合的语用训练，应在留白处放飞想象；最后，依托读写结合的语用训练，应在同类阅读比较中寻找规律。

《义务教育语文课程标准（2011年版）》指出："语文课程是一门学习语言文字运用的综合性、实践性的课程。义务教育阶段的语文课程，应使学生初步学会运用祖国语言文字进行交流沟通。"可见，学语言，用语言，是语文教学的核心目标。但在我组织的针对"读写结合"训练的课题实施中，发现老师们在教学中难以找到突破口，且对学生进行语言文字训练时呈现"浅显""随意"和"窄化"的现象。我通过实践，认为可以从以下四个方面夯实学生语言文字运用的训练。

一、依托读写结合的语用训练，应在情动处指导着笔

小学生的"语用"能力不是干涩、机械的训练，它应该用"一棵树摇动另一棵树，一朵云推动另一朵云，一颗心灵唤醒另一颗心灵"的情趣去指导。所以，在依托读写结合的语用训练中，我们应该挖掘小学语文教材中那些蕴含作者浓浓情感的文章，引导孩子们从字里行间体会作者的情感，悲作者所悲，喜

作者所喜，在学生情绪饱满之时进行读写结合，那些真实、灵动的语言才会在他们的笔端喷涌而出。我在执教《只有一个地球》时，为了使学生感受作者内心强烈的情感，我先让学生品读课文："映入眼帘的是一个晶莹的球体，上面蓝色和白色的纹痕相互交错，周围裹着一层薄薄的水蓝色'纱衣'。地球，这位人类的母亲，这个生命的摇篮，是那样的美丽壮观，和蔼可亲。"学生品读后，畅谈地球之美，然后展示交流他们收集到的关于地球被破坏的资料，学生通过交流，感受到这个"晶莹的球体"行走在破碎的边缘是因为人类各种肆无忌惮的破坏行为导致。学生愤，学生恨，他们感受着作者同样的感受，他们对文中"只有一个地球，如果它被破坏了，我们别无去处。如果地球上的各种资源都枯竭了，我们很难从别的地方得到补充"有了更深入的体会。此时是把学生之"情"转为学生之"言"的最佳时机，饱满的情绪往往会让他们的语言灵动起来。下面几则是我们班学生的练笔内容。

天地间一片浑暗，似乎进入了这寒风凛凛的冬天，雪花纷纷扬扬，如天鹅弹落的羽毛，肆无忌惮地铺向人间，那些毫无生气的树木露出狰狞的枝丫，如魔鬼之爪，直插人们的心脏。

——杨雅淇《浑沌的天地》

山崩起来了，地裂开了，只见大块大块的岩石似千千万万的战士，它们气势汹汹，吞没着高楼，淹没着大厦，就连最后的生灵，也被席卷了。呀，发怒了的地球真可怕！

——文明熽姮《发怒的地球真可怕》

曾经的绿树红花，曾经的莺歌燕舞，曾经的欢声笑语都没有了，大地像一床被扯碎了的棉被，纷纷扬扬，大雪漫天飞扬。人们在漫天飞雪里忏悔、奔跑，和着风雪呼啸的哭声显得是那样的凄凉……

——杨露涵《凄凉的呼声》

读着这样的文段，不由感慨："为文先动情，情动而辞发"。依托读写结合的语用训练，就应该在语文教学中抓住这些情感抒发点，只有学生在情感饱满和激动时，笔尖才会喷发出这样有个性的、深刻的文字。

二、依托读写结合的语用训练，应在质疑处引导探究

在语文学习中，学生难免会产生疑问，而这些疑问往往就是学生的感受。

如果我们在课堂教学中去关注学生质疑的地方并进行深入的思考，然后依托比较规范的表达方式，去引导学生从多个角度进行语言表达训练，往往会收到事半功倍的效果。

语文是实践性很强的一门学科，读写结合的教学尝试，将阅读、写作和思维训练融为一体，使学生在以读促写、以写促悟的过程中对文本有了更深入的体会，同时将阅读指向表达，更加凸显了语文的实践性。在阅读过程中，引导学生在比较、质疑、联想、创造中去读、去悟，往往会收到事半功倍的效果。

在教学《桥》这一课时，当学生读到课文的最后，知道了老汉和小伙子原来是一对亲生父子时，有个学生提出了这样的疑问：课文为什么不一开始就点明老汉和小伙子的关系，而在结尾处才交代他们的关系呢？这个问题提得多么精妙呀。我以此为契机，引导学生抓住这个问题进行深究，学生畅所欲言，经过一番讨论后，学生更加直接和深刻地理解了小说这种文体的特点：小说往往通过制造悬念，使情节更加跌宕起伏，引人入胜。这样的质疑，这样一番讨论，胜于教师无用的说教。基于此，我再次引导学生深入文本，继续追问：当时老汉的揪和推，小伙的瞪和推，背后又有着怎样的内心世界呢？请同学们任选其中一句写一写老汉与儿子的内心独白。

（1）父亲从队伍里揪出儿子，他这样想："儿子啊！＿＿＿＿＿＿＿＿。"

儿子瞪了父亲一眼，心里想："父亲啊！＿＿＿＿＿＿＿＿＿。"

（2）儿子推了父亲一把，心里想："父亲啊！＿＿＿＿＿＿＿＿。"

父亲推了儿子一把，心里想："儿子啊！＿＿＿＿＿＿＿＿。"

通过这样的深究质疑，通过学生一番深入的思考和感悟，我将这样的对比句式给到学生，在深挖文本的同时，进行语言的拓展训练。在这个过程中，更加丰实了学生的感受和体验。从学生写的精彩片段中，我更加肯定了这一点。

丹翔同学：父亲推了儿子一把，心里想："儿子啊！你正值青春年华，可不能把年轻的生命葬送在这场洪水中啊！你要是有什么三长两短，我怎么向你妈妈交代啊！我在九泉之下又怎么能安宁呢？爹年纪大了，黄土都埋到脖子边了，就把危险留给我吧！儿子！快走！好好活下去……"

延延同学：儿子瞪了父亲一眼，心里想："父亲啊！党员也是人啊！您为什么这么固执呢？谁想死在洪水里呀？谁不想活命呢？您不能因为我是您儿子就把我往火坑里推呀！您让我过去吧！"

博源同学：父亲从队伍里揪出儿子，他这样想："儿子啊！一名合格的党员是这样的吗？既然你做了党员，保护村民，就是我们的责任啊！我是党支部书记，我也想活下去，可是，没有了我们，这群乱哄哄的人怎么办？谁来挽救他们，让他们活下去？儿子啊！你一定要明白党员的职责，起到党员的带头作用啊！"

由此可见，学会质疑，并在质疑处挖掘读写结合点，引导学生去深究，去进行语用训练，不仅有助于学生阅读领悟能力的提升，还有助于学生高阶思维的训练，更落实了学语文、用语文的宗旨。

三、依托读写结合的语用训练，应在留白处放飞想象

《义务教育语文课程标准（2011年版）》指出："在发展语言能力的同时，发展思维能力，激发想象力和创造潜能。"因此，在语文教学中，我们要善于抓住文本中的"留白"放飞学生思绪，从丰富的想象中挖掘语用点，这对学生学习语文知识、积累语言、运用语言、提高综合素质起到了不可估量的作用。

如《穷人》一课的最后这样写道："'你瞧，他们在这里啦。'桑娜拉开了帐子。"课文就在桑娜这样简单的话语中结束了，但是此处留白中丰富的景象却在每个读者的心里回荡。此时，我们可以引导学生联系上下文，结合桑娜的家境，根据渔夫的表现，引导学生思考："拉开帐子后，呈现在渔夫面前的是什么？他会说些什么？他又会露出什么样的表情呢？"学生通过这三个问题的描述，不仅对课文留白进行了补充，同时更加深入地理解课文，这种"留白"处的"补白"训练，效果非常好，下面是教学中两个学生的练笔片段。

铠溢同学：渔夫紧皱起的眉头松开了，他之前那严肃、忧虑的脸变得平和而又平静！他看着那两个圆脸蛋的睡得正香的孩子，又看看桑娜，似乎开始担心什么，好半天，只见他把手放在桑娜的手上，轻轻地拍了一下，说："以后你更辛苦了！"于是走到门边，开始整理起自己的渔具来！

俊辰同学：拉开帐子，渔夫看见在自己的床上多了两个小家伙，三个小孩子虽然小，可是足足将他们家那张"大"床给挤满了！渔夫轻轻地走到三个孩子旁边，伸手将盖在孩子们身上的旧衣服又往上拉了一下，然后转身对桑娜说："炉子里的火还没有熄，过来坐坐吧！明天我出海打鱼前再去找两块木板

过来！"

这种在文本"留白"处着上精彩一笔的引导，不仅放飞学生想象，激发学生兴趣，还把他们带到语言文字训练的新境界，有效地展开了随笔训练，达到了"无字之处呈妙境"之功效。

四、依托读写结合的语用训练，应在同类阅读比较中寻找规律

课题组老师们在进行读写结合的教学实践时，总会出现学生无法迁移学习所得，不能做到举一反三的现象。针对这样的教学疑难，我们课题组再次深入课堂，进行实践，总结出：要让学生真正发现其文本的结构及语用的密钥，掌握其规律并做到触类旁通的话，只有大量地进行同组课文的比较阅读。如我在指导学生掌握"围绕一个中心进行谋篇布局"这一语用点时，是这样引导的：首先，为了降低学生学习的难度，我先从段落使用中心句的阅读开始，找了人教版三年级上册第11课的《秋天的雨》，让学生感知第2自然段的中心句："秋天的雨，有一盒五彩缤纷的颜料。"由此展开，写了"银杏树的黄色、枫树的红色、田野的金黄色、果树相间的橙红色以及紫红的、淡黄的、雪白的……菊花仙子"。

学生喜欢这样的段落，也对这样的段落比较熟悉，但是如果用这样的构段方式谋篇，他们会找不到头绪，所以我链接了同类文章的阅读，人教版五年级下册第25课《自己的花是让别人看的》，并引导学生发现中心句是"人人为我，我为人人"。

它不在篇首，也不在篇尾，而是在第3自然段的段末。接着，我又让学生阅读人教版六年级下册第六单元综合性学习：难忘小学生活里的《忘不了的笑声》，这篇课文的中心句是第1自然段中的"马上要毕业了，六年小学生活中最难忘的是小伙伴们的笑"，第2~5自然段分别写了不同小伙伴的笑；而第6、7自然段很精妙，不仅是对文章的总结，还可以将之挖掘为"运用中心句谋篇布局的语用点"。第6自然段这样写道："这时，我的耳畔又响起了队员们熟悉的笑声：野炊的笑声、春游中的笑声、智力竞赛得胜的笑声、早会评比获奖时的笑声。"第7自然段这样写道："啊，快乐的笑声，团结的笑声！充满理想的笑声！这就是我亲爱的小队的笑声。"

学生读到这里，基本掌握了运用中心句谋篇布局的要领，许多学生都能从

不同角度去围绕自己的中心谋篇。如有的同学选择围绕"野炊的笑声"来写，他是这样布局的："炊前准备""炊中乐趣""炊后回味"；有的学生选择围绕"智力竞赛得胜的笑声"为中心句，他又是这样布局的："开局紧张，出师不利""智多星出门，力挽狂澜""旗开得胜，欢笑不已"；还有的同学自己创作，自己想中心句，自己去谋篇。这种在同类阅读对比中进行的语用训练，积淀了学生丰厚的语言基础，使那些"空洞""乏味"的语言文字训练灵动起来，扎实起来。也给学生的语言文字训练找到了可以触摸的方法和规律，让学生的语用表达更加理性，从而实现内化于心之状。

"水尝无华，相荡乃成涟漪；石本无火，相击而发灵光。"学生"语用"能力的提升，依托于教师在教学中是否找到了很好的读写结合点，以激发学生参与的热情，探究的欲望，并点燃他们的思维之花。只有盯紧语言文字的训练，并寓语言文字的学习于快乐之中，长期不断地进行语言实践，这样，学生的"语用"能力提升才不再是梦！

怎一个"随"字了得

——小学语文教学中随笔训练的几点思考

听了许多教师的语文课，发现大部分教师没有指导学生进行读写结合训练的意识，即使少部分老师有，但也是"随"得没有目的，没有方法，甚至进入了随笔教学误区。

误区一：只有布置，没有落实

这类老师上课，你总能在课快要结束时听到这么一句话："请同学们拿出笔和纸，将你学习这篇课文后的感受或收获写下来！"正当学生们准备动笔或者刚开了个头，"叮铃铃……"下课铃声响了，学生们一阵欢呼，老师随即说道："好，今天的课就上到这里，请同学们将自己没有写完的拿回去写，明天咱们交流！"如此开出的"空头支票"，学生何以有收获？

误区二：万能的随笔训练模式，让学生套话连篇

这类老师在培养学生语言习得方面的意识要比上一类老师深刻，可是训练无方，学生无法感受到快乐，更可怕的是学生写出的内容颇有贴标签的嫌疑。

在一次教研活动中，来自不同乡镇的老师执教不同内容的课，学生却写出了几乎一样的文字。

其中执教《桂林山水》的老师安排了这样的训练：请写出桂林山水给你留下的印象。另一个执教《黄山奇石》的老师是这样安排的：学习了这课，你想说什么？交流的时候，两个班的学生写得如出一辙："桂林的山真奇呀！桂林的水真静呀！我多么想到那儿去玩玩，欣赏那里的山水！"而另一个班在交流时这样说："黄山的石头真奇呀！它们形态各异，十分壮观；有机会我一定去看看，感受祖国河山的壮美！"类似的随笔训练，只会培养学生说空话、大话、违心话。

所以，针对语文教学中随笔训练存在的盲目性、随意性和无效性，结合我多年的教学实践和思考，认为可以从以下几个方面对语文教学中的随笔训练进行科学合理的引导。

一、不让"随笔"漫无目的，找准读写结合点，给学生指明方向

（一）抓住文本留白点，绘制"随笔"五彩图

文本中，作者都会"留白"，这是作者没有言尽，但却是情感表达最强烈、深沉、含蓄的地方。如能捕捉，可以激发学生真情的表达。

《玩具柜台前的孩子》有两处留白，都能很好地引导学生去补"白"。

第一处留白是第11自然段："孩子的妈妈叹了叹气，说：'他爸爸常年病着，家里生活不富裕。孩子心疼我，什么也不让我给他买……'"

我们可以从"孩子心疼我"处着手，引导学生去想，男孩除了不让妈妈给他买礼物，还会用哪些方式去"心疼"妈妈。

第二处留白是第14自然段："回到家里，售货员阿姨对自己的女儿说起这件事。女儿听了，连忙从玩具里找出一辆漂亮的小汽车，请妈妈带给那个小男孩。"

女儿拿出玩具时，是怎样对母亲说的，课文没有交代，我们在思考文中几个人物特点时，我趁机提出：售货员阿姨的女儿富有同情心，你能把她让妈妈带玩具时说的话说一遍吗？学生通过思考，能很准确地进行补白。

（二）抓住省略号，拓展随笔空间

语文课程的丰富性，表现在其每个符号都传递着语文丰富的意韵。如果教师在阅读教学中善于捕捉省略号这一训练点，给予正确的引导，一定能让随笔训练绽放绚烂之花。

如教学《一个小村庄的故事》时，我结合句子"一年年，一代代，山坡上的树木不断减少，裸露的土地不断扩大……"这个句子中的省略号，引导学生思考，这里省略了什么？你们似乎又看到了什么？学生们交流后再随笔，一个更加惨不可睹的小村庄在孩子们笔下被淋漓尽致地呈现出来。

这样以省略号为基点，激发学生的想象，潜心涵泳体悟，展开练笔，这样就一定能让每一个语言符号鲜活起来。

（三）抓住贴近生活的篇章，让"随笔"随心所欲

生活即文章，当遇到一些和学生的生活贴近的文本时，要以此作为读写结合的点，引导学生联想到自己的生活，从而进行随笔训练。如学习了《冬阳·童年·骆驼队》，放过牛羊的孩子就会自然地想起自己曾看到牛羊吃草的情形；学习了《母鸡》，喂养过母鸡的学生就会再次感受到母鸡这一形象；学习了《槐乡五月》，学生不仅会想起槐花，还会联想到更多与槐花类似的……此时不妨让学生写上一段，然后在全班展示一番，那是很让学生心动和快乐的。

二、不让"随笔"无章可循，给予学生方法指导，让他们有法可依

（一）进行模仿训练，让随笔落在低起点

当我们找准读写结合点后，就要大胆地设想，精心设计练习，才能在训练过程中凸显学生的个性化语言。如我执教《秋天的图画》时，让学生先品读"梨树挂起金黄的灯笼……高粱举起燃烧的火把"后，引导学生仿照说自己熟悉的事物。这是学生的精彩句子："葡萄架上挂起紫红色的宝石""樱桃树上镶嵌着美丽的玛瑙"……

（二）引导合理想象，解放学生随笔思维

我们应当珍视学生独特的感受、体验和理解，让学生把文本中那些有悬念的地方用自己的语言进行表达。如在《触摸春天》里，我让学生想象，如果你是安静，在蝴蝶被拢住的那一瞬间，你是什么心情？学生思维随想象打开了闸门，有的说："安静拢住的不仅仅是蝴蝶，她拢住的是生的希望……"有的说："这只蝴蝶似乎是想让安静闻到它身上的花香，她使劲地在安静手上扑腾，但始终不离去，它是想让安静嗅到这个多彩的世界！"还有的说："安静似乎也舞动起来，与小花、小草、小鸟们一起融入这美妙的世界……"

（三）创新随笔形式，让随笔内容走向多元化

由于学生的认知水平相差不大，所以许多时候他们的随笔练习文字相似度很高，为此，我们引导学生进行训练是需要创新的，这样才可避免学生的立意相似如流水线作业般批量生产文字。为此，在教学中我会结合不同的文本体裁给予不同形式的随笔训练。如在执教《葡萄沟》时，让学生为那里的葡萄设计一段精彩的广告词；在执教《夜莺的歌声》时，让学生续编课本剧，深化了学

生对课文的理解，培养了学生的写作能力；在执教《打电话》时，引导学生创
作短小的相声段子……这样的训练使得学生兴味盎然，随笔内容丰富多彩。

随笔训练之妙，妙在可以形式多样地去唤醒学生对文本的认识，拓展学
生的思维广度和深度，关注学生的语言内化与吸收，将语文课程标准的核心理
念"学习语言文字的运用"落实在语文教学的说写之中。只要"随"得巧，
"随"得妙，它就像一支魔法棒一样，让孩子们在快乐中尽情地描绘和书写。

习作教学之实

　　习作一直很难。难在学生的"无米之炊"，难在学生的"表达不力"，难在学生的"情感不真"……怎么办呢？唯有引导学生回归生活，才能觅得源头活水。当学生亲自去看、去听、去嗅、去触、去思，斑斓的世界才能在他们脑中呈现，文字的精妙也才能在对比阅读、仿照表达中得以体悟。然后引导学生形成习作思维，实现"我手写我心"。

追问，让想象更丰满

——以"创编童话"为例

一、教学前的思考

童话是学生喜闻乐见的一种文学体裁，它以动人的故事和优美的语言让学生受到真、善、美的熏陶。人教版四年级上册编排了一个童话单元，整个单元除了编排四篇童话故事之外，还安排了童话知识的阅读链接及童话综合性学习的要求。

从课后学习"多读几遍""默读思考""分角色读一读"等要求中可以看出读童话是第一要务，而且要能读懂、读出自己的理解和体会；同时要引导学生学着写童话、讲童话和演童话。基于这样的目标，在教学中我们有必要引导学生明白童话故事"拟人化的手法""大胆的想象""一波三折的情节设计"等特点。

我一贯认为，学生的学习与生活是不可分离的，学习资源从生活中来，学习成果为生活服务。因此，在引导学生创编童话的过程中，应该注重指导学生的自主发现和表达，并在相互交流中学会应对、思辨，所以，我想借助学生的自我反思和在师生、生生的相互追问中将故事情节想象得更具体、更生动，让每一个故事都五彩斑斓。

二、教材解读、定位

"创编童话"教学设计

【教材分析】

"创编童话"是人教版四年级上册第三单元的习作。该单元编排了《巨人的花园》《幸福是什么》《去年的树》《小木偶的故事》四篇课文，引导学生走进奇妙的童话世界，了解童话的内容，品味童话的语言，体会童话的特点，并要求围绕童话开展一次综合性学习，进一步感受童话的魅力。本次习作是创编童话，在此之前，学生经历了收集童话、阅读推荐的环节，对于童话已经有了一定的了解。

【教学目标】

（1）创设情境，引导学生展开丰富而合理的想象，创编童话故事。

（2）能够比较流畅具体地讲述想象的内容，运用一定的方法把故事情节写生动、写具体。

（3）培养学生独立思考，认真倾听，乐于分享的好习惯。

【教学重难点】

创设情境，引导学生展开丰富而合理的想象，创编童话故事；能够比较流畅具体地讲述想象的内容，运用一定的方法把故事情节写生动、写具体。

【教学准备】

（1）课件。

（2）课前将学生分组，每四人一组。

【教学课时】

第一课时。

【教学过程】

（一）课前谈话，激发兴趣

（1）师生问好。

（2）欣赏歌曲（《小红帽》），引出今天老师要和同学们聊的就是关于童话的话题。

设计意图：轻松的音乐，开门见山地将学生引入童话世界，氛围有了，话题轻松，学生更愿意交流，为后面的学习打下基础。

（二）谈话导入，揭示目标

（1）（板书：童话）师：同学们，咱们先聊一聊，你最喜欢哪一个童话故事？你最喜欢故事里的谁呀？

（2）师：你的回答真精彩！你是一个会读书的孩子，不仅读懂了童话内容，还读出了自己的感受和见解。同学们，童话世界中，故事很吸引人，我们总是在童话作家的带领下，畅游那一个个美妙的幻想世界。童话作家梅子涵伯伯说了一番有意思的话。

PPT展示：

> 童话，就像一个太阳，
>
> 让整个人类，
>
> 有了长大和生活的光亮。
>
> 童话牵着日子的手，
>
> 生命就很像童话了。
>
> ——梅子涵

（3）师：是啊，我们多希望每天都生活在童话中，童话难道只有作家才能写吗？我们能不能自己也创编一个童话？（补充：创编）

师：好，咱们试着编一个有意思的童话，来，孩子们，让我们一起走进童话世界。

设计意图：聊童话，不是一个难题，在教师的引导下，学生的话匣子就打开了，那些耳熟能详的童话人物是鲜活的，学生愿意聊。在聊的过程中，关于童话的记忆被唤醒，童话的特点呼之欲出，在教师的鼓励下，愿意尝试着当一个小作家，编一编属于自己的童话，是一件很有成就感的事。梅子涵的话更能指引孩子感受童话的神奇、童话世界的美好。

（三）感悟特点，创编童话

（1）PPT展示图片，让学生听森林里的声音。

师：你看到了什么？它为什么而叫？（让学生回答，相机板书）

（2）让我们张开想象的翅膀，在森林里还会有什么？有大树、有（　　）、有（　　）……（教师将学生说的事物拟人化，并有意识地让学生融入角色）

（3）师：原来在童话世界里，一切事物都像我们一样，会（　　），会（　　），有思想，有感情。这就是童话的一大特点，运用拟人的手法，塑造一个个生动的角色。（板书：拟人）

（4）现在就让我们走进童话世界、走进大森林。

师：现在你们都是森林里的小鸟，亲爱的小鸟们，你是在唱歌吗？你为什么唱歌？你是在聊天吗？你在和谁聊天？或是你发现了森林里有什么紧急的事，你在发出警报？

……

①让学生思考，指名板书学生自己思考的故事题目。

②请学生选择自己想听的故事，对学生进行指导。

A.让学生说故事的起因、经过和结果。

B. 追问经过的部分，搭建创编故事的支架，引导学生想象出一波三折的情节。

（5）用采访的形式采访两名学生，教师根据学生的回答进行补充、追问一两个问题。教师在追问的过程中，让学生参与这个环节。

师小结：（对被追问的学生）赶紧谢谢他们！在这样的追问下，我们的想象更加深入，这个故事就更吸引人了。从这里不难看出，大胆而丰富的想象是童话故事的另一个特点。（相机板书：想象）

（6）选择学生汇报时的一个有价值的细节，进行第二次追问。

师：同学们，我们抓住语言、动作、神态进行描述，故事就更生动、具体啦！（相机板书：语言、动作、神态……）

师引导：我相信每位同学心里的故事都有一个最精彩的部分，这也是我们大家最想知道的。现在就让我们大胆地想象，把你故事中最精彩的部分和你身边的同学说一说。（课件出示交流要求。说：选择故事中最精彩、最吸引人的情节，尽量说具体、说生动；听：听的同学补充、回应，还可以对不明白的地方进行追问）

反馈：刚刚的交流你们很投入，你们的故事很精彩、很有意思。现在，让我们来分享你们的故事吧！（从细节上再一次强调，帮助学生添加细节描写，并小结细节描写的作用）

（7）写一写。

师：很遗憾，由于时间的原因，还有很多小鸟没有和我们分享它们的故事，但是我们可以用手中的笔将故事中最精彩的部分写下来，好吗？开始吧！（巡视的过程中关注学生的坐姿，了解学生写的情况）

设计意图：这是一个非常重要的环节。首先，一幅明快的图片吸引了孩子们的注意力，让他们迅速关注本次童话故事的主角——小鸟。并通过对图片不同描述的对比，丰富故事中的角色，教师有意识地用引导性的语言让学生感受童话故事的第一个特点——拟人的修辞手法。接着，引导展开想象：小鸟在枝头叫是因为什么？让学生确定自己故事的主要内容，在学生的汇报中，板书内容，引导学生找出自己想听的故事，寻找指导的个例，让学生明白故事结构和情节，并在追问的过程中细化细节，让学生有写的内容、掌握写的方法。

（四）分享习作，总结提升

（1）好了，"小鸟"们请放下手中的笔，让我来听听你们的故事。（找两个学生读作品，请两个同学评价、提出建议，教师简单评价）

（机动：有时间就让他们互读互评）

（2）这一个个精彩的片段已经深深吸引了我，这个故事是怎样发生的？你的故事还会有哪些精彩的情节？最终结局会怎么样呢？请你们回去把自己的故事写完整，好吗？

（3）总结：孩子们，童话世界就是生活的一面镜子，我们就生活在一个童话世界里。我们的身边有许许多多童话的小精灵！只要你发挥丰富的想象力，敢于去写、去表达，你就可以创编出一个个有意思的童话故事，我们也可以走进别人的童话世界。（推荐阅读）在走进童话世界的过程中，你真的会发现——教师再次引读梅子涵的小诗"童话，就像一个太阳……"

好了，今天的课就上到这里，希望你们以后能够生活在美好的童话故事中。下课！

设计意图：点评的环节也很重要，在学生的互评中，加强对于编童话的要领掌握，提升学生的表达能力，培养学生乐于分享的习惯。教师利用投影展示评价过程，教会学生自评自改，这也是达成习作中评价和修改的学习目标。

【板书设计】

三、教学体验

我一直想在习作教学中解决一个问题，就是让内容丰满起来，让故事生动起来。我尝试过好多种方法，虽有效，但效果仍未达到预期。今天，我想尝试用追问的方式，引导学生"二度思考"，让学生的思考有逻辑、内容有情节。下面的教学片段就是我在上这节习作课时运用"追问"策略帮助学生掌握文章结构的过程。

我看到其中一个学生板书在黑板上的题目是"鸟为狗悲"，我便对他进行追问：孩子，你能为大家说说你这个故事里都有哪些主人公吗？

生：有小鸟，有许多小狗。

师：哦，那你能给大家说说你的这个"悲"指什么吗？

生：因为今天是冬至，人们有冬至吃狗肉的风俗，所以今天是小狗们的难日。

师：这群狗原来也住在森林里吗？

生：有的是，有的不是，有的是从外面跑来的。

师：那它们躲过这一难了吗？

生：有些躲过了，有些没有躲过。

师：为什么会有些躲过了，有些没有躲过呢？

生：因为森林里一开始不知道有人进来抓小狗们，后来知道了，大家一起帮助小狗。

师：嗯，那有的得救了，小鸟都还在悲吗？

生：因为小鸟最好的朋友欢欢没有躲过……

师：小鸟在天上飞，欢欢在地上跑，它们俩又是怎么成为好朋友的呢？

生：因为有一次，猎人打猎，把小鸟打伤了，掉在地上，是欢欢救了它。

师：哦，它们是生死之交，所以小鸟是悲。

……

就这样，基于学生的回答，我有针对性地"二度提问"，再次激活了学生的思维，促使他深入思考，完成对童话故事结构的架构。其他同学也学着我的"追问"，与同桌练说，使每个学生都在追问中想清楚，讲明白。

在引导学生写具体、写生动时，我又抓住学生汇报的细节，结合他的故事发展的过程，追问他角色的语言，他们分别说什么？又会做什么？还会有什么样的心理活动？在这样你一言我一语中，乘势而上、趁热打铁，再追上一问，把学生引向他都没有想到的境界。

当学生的思维广度得以拓宽、思维深度得到增进的时候，在追问中创编出来的故事，连学生都觉得很惊讶，他们不禁感叹："呀，原来我也是创编高手！"是的，在老师的追问引导下，学生重新经历了一个"再创造"的过程。他们当然就不会只是几句空话，而是能做到文章结构合理、内容具体。

让阅读教学与习作训练无缝对接

——浅谈运用"举三反一"使学生习得语文技能的几点思考

于永正老师说过："就语文教育而言，我得给学生留下语言，留下能力，留下情感，留下兴趣和习惯。"所以，在语文教学中，我总是朝着这样的方向努力。一年多的教学实践，我运用"举三反一"的教学策略（这里的"三"不是三篇课文，而是三个具有相同写法的例子，"一"指的是学生真正掌握某种语言的"规律"）引导学生在阅读中习得了"矛盾心理的描写技能，使人物更传神""句式变换的措辞方法，使叙述更精彩""抽象事物的描述，使景象更逼真"和"事理文章的布局之道，使结构更规整"等语文技能。这样的阅读教学，不仅激发了学生的读趣，开启了学生的读智，还达到了将知识转化为技能的目的，很好地做到了让阅读教学与习作训练无缝对接。

一、运用"举三反一"习得矛盾心理的描写技能，使人物更传神

如果你关注小学习作教学，你一定会发现许多学生能将人物写出"形"，却很少能写得传"神"。究其原因，是学生不会描写人物的心理，他们笔下的人物没有立体感，引导学生写出"形神兼备"的人物形象，需要写好人物的心理，特别是矛盾心理。

在教学《穷人》时，我引导学生品味让桑娜这一形象丰满起来的左右为难的这一段心理描写："她的心跳得很厉害，自己也不知道为什么要这样做，但是觉得非这样做不可。"之后，引导学生提炼：从这矛盾的心理描写中，你读出了一个什么样的桑娜？有的说："因为桑娜善良，不可能见死不救。"有的说："因为桑娜家很穷，如果救了，她的负担会很重，所以她很纠结。"还有

的说："桑娜这样的家庭窘况，她这样做的话会担心丈夫怪她，但内心又希望去这么做……"真是一石激起千层浪，孩子们发现这样矛盾的心理描写不仅把道德、责任、情感都融于其中，还能精准地透视桑娜助人的决心，将桑娜金子般善良的内心世界表现得淋漓尽致。

趁热打铁，我及时将《窃读记》《小抄写员》一起奉上，让他们再次进入同类文本的品读中。

"我很快乐，也很惧怕——这种窃读的滋味！"

"我有时还要装着皱起眉头，不时望着街心，好像说：'这雨，害得我回不去了。'其实，我的心里却高兴地喊着：'大些！再大些！'"

以上这两处是《窃读记》中描写人物矛盾心理的句子，学生读着读着，发现这样的描写将一个喜欢阅读，因窃读而快乐无比的"我"塑造得栩栩如生。

在《小抄写员》一文中，叙利奥在抄与不抄中挣扎："我不能做下去了，非停止不可。"和"不能说，还是一直瞒下去，帮爸爸做事吧……对，这样做对！"这样矛盾的心理刻画，把叙利奥的坚韧和懂事这一形象写活了。

三个例子让学生知道矛盾心理描写让人物传神，并知道矛盾心理的表达形式不仅可以写内心独白、别人的看法，还可以加上适当的修辞手法，配合动作和神态进行描写。掌握了这"一"规律，我便让学生"事上练"。于是，让他们进行这样的矛盾心理练习：假如你是纪律班长，面对自己班的同学违反纪律，你是登记举报他以致本班扣分，还是包庇他隐瞒实情？写一段你矛盾的心理。

学生在练笔中发现：运用"举三反一"习得矛盾心理的描写技能，使笔下的人物更传神。我尝到了甜头，下定决心继续探索。

二、运用"举三反一"习得句式变换的措辞方法，使叙述更精彩

措辞是指人们在说话、写作时通过深思熟虑，精心选用恰当的词语、句子有效表达自己的意思，让读者易于理解、接受的一个互动过程。所以，要想改变小学生习作前言不搭后语，甚而不知所云的现象，就需要引导学生掌握句式变换的措辞方法，这样不仅能做到文从字顺，还能使叙述更精彩。

在教学《地震中的父与子》一文时，我引导学生品读这段话："他挖了8小时，12小时，24小时，36小时，没人再来阻挡他。他满脸灰尘，双眼布满血

丝，衣服破烂不堪，到处都是血迹。"然后用"36小时，没人再来阻挡他"进行对比阅读，学生发现运用"时间分解"这一措辞方式，不仅凸显父亲面对困难永不言弃、爱子心切的这一形象，而且精彩的叙述也更加引人入胜。

在《各具特色的民居》一文中，有这样一段文字："进门，是一间宽大的堂屋，中间铺着一大块竹席，这是全家人活动的中心，也是招待客人的地方。两侧是用木板或竹篾隔成的卧室，外人是不能入内的。"学生阅读得出："方位分解"的措辞方式的表达，使这一民居的特点得以准确呈现。学生在课外阅读《登泰山》时发现："……跨过山梁，穿过丛林，还无视了无数的休息用长椅……"是运用了"距离分解"的措辞方式，这样准确地写出了泰山之长和登山不易。

为了不让学生的学习停留在理解和发现的层面，我设计了这样的仿写：一是"这是个漫长的黑夜，10点……他的心在等待。"二是"第一次去外婆家，没想到这么远，要……"学生的练写虽未能达到创造的境界，但在模仿中倒也凸显几分灵性。

这是个漫长的黑夜，10点，11点，12点，12点10分，12点20分……他分不清这是钟摆的声音还是他的心跳声，嘀嘀嗒嗒、嘀嘀嗒嗒……他的心在等待，焦灼地等待。

——付伟

第一次去外婆家，没想到这么远，要越过高山，穿过小溪，还不知要在迷宫般的田间林里寻觅多久……

——郭浸

三、运用"举三反一"习得抽象事物的具体描述，使景象更逼真

面对抽象事物，小学生往往无从着手，他们有一种只可意会、不能言说之隐痛。为此，我依托阅读教学中将抽象事物描写具体的例子，引导学生发现规律，合理运用。

在教《索溪峪的"野"》时，学生在初看课题时便质疑：索溪峪的"野"都有哪些？这些"野"又如何描述呢？带着这样的问题，走进了课文，在描写水的"野"的那一段，我们找到了答案："水是野的。索溪像是一个从深山中蹦跳而出的野孩子，一会儿绕着山奔跑，一会儿撅着屁股，赌着气又自个儿闹

去了……"学生发现作者运用拟人手法,将本来抽象的水赋予其生活中大家熟知的"野孩子"形象,将其自由、快活和不羁具体化,把水的"野"性形象地呈现出来。而《匆匆》一文,作者描写时间流逝,也很精妙:"洗手的时候,日子从水盆里过去;吃饭的时候,日子从饭碗里过去;默默时,便从凝然的双眼前过去。……我躺在床上,他便伶伶俐俐地从我身上跨过,从我脚边飞去了……"时间是一个抽象的事物,而时间的流逝更为抽象,但作者这样描写,却将空灵而又抽象的时间化为具体的物象,引发出伤时、惜时的深深感叹。

学生发现,要把本来看不见、摸不着、感觉不到的事物写得形象可感,必须借助一些形象的东西,采用适当的修辞手法来表现其特点。这是很难得的发现,为此,我即时让学生练笔,将这"一"规律内化。

我设计了这样的写话练习:请运用"把抽象的事物写具体"的方法,写一写"风"(可以是春风、秋风、狂风或微风等),学生的练笔让人甚是欢喜。

风来了,它轻轻悄悄地挪移着步子,那么温柔,那么安静,就像一个穿着白色裙子的小女孩儿,轻盈地舞动着她婀娜的身姿,一会儿窜到树林里,一会儿溜到水边,一会儿又窜到草地边与小草们低语,小草们开心地轻轻地舞动起来了……

——杨灵灵《微风》

它像一个疯子!越发猖狂和放肆,它无情地撕扯着一切:地面上的尘土和塑料袋都被吹了起来;粗壮的树木也疯狂地扭动着身子;"咣啷——"窗上的玻璃剧烈震动后齐刷刷地碎在地上……刹那间,飞沙走石,黄土飞扬。

——李松柏《狂风》

本来是学生最害怕的抽象事物的描写,因为运用"举三反一"教学策略,使学生掌握了行文规律,开启了学生"语用"的智慧之窗。

四、运用"举三反一"习得事理文章的布局之道,使结构更规整

薛法根在《为言语智能而教:薛法根与语文组块教学》中曾有这样的描述:"每一种特定的语言表达方式或语言结构,都具有独特的语言交际功能。"这就要求我们的语文教师在深入研读教材的过程中,敏锐而准确地把握这样的方式和结构,看到内容背后的结构,才能真正担负起语文学科的"独当之任"。

为此，在引导学生发现启示类文章结构密钥，掌握其规律并做到触类旁通，我是这样做的：先让学生阅读《钓鱼的启示》《触摸春天》《花的勇气》，然后思考：三个阅读材料在结构上有什么共同之处？学生很快就发现：它们都是用通过对一件事的描述然后告诉人们一个道理的结构进行谋篇，并且得到的道理是很深刻的："道德只是个简单的是与非的问题，实践起来却很难。""谁都有把握春天的权利，谁都有美好生活的权利，只有你用心去感受生命的美好，才能创造一个属于自己的春天。""生命的意味是勇气！"这些深刻道理的得来并不突兀，而是在之前对引发道理的事件做了生动详尽的描写。

学生能发现这样的规律，并不代表他们会运用，为了让阅读与习作无缝对接，我及时引导他们训练。以下是部分学生的练笔。

走在乡村的小路上，我突然看到那株不起眼的牵牛花，把身子往外伸展开去，给大伯家的围墙增添了艳丽色彩，散发着阵阵芬芳，看上去充满了生机。这真是平凡中见精神，勇敢中凸显本色呀！

——王辰睿

从小，妈妈就经常唠叨我吃、穿和学习的事情，有时让我不胜其烦，可当妈妈出差一段时间后，我因听不到妈妈的唠叨反而觉得很不习惯了。明白了爱的形式是多种多样的，唠叨也是一种爱。

——陈志豪

……

"言意兼得"是语文课追求的方向，但言意兼得是需要老师去帮助和引导的。这一年多的教学实践，我在一篇篇教学例子中寻找和发现相同的"三"，引导学生阅读品味，让他们在不断地积淀中发现和领悟文本的表达方法，学习运用这些"例子"中的语言技艺，从而习得那"一"的规律。虽有待深入，但已初步实现提高学生语用能力的目的。我想：只要将这样的阅读教学继续在课堂上进行，那阅读教学与学生的习作训练就能做到真正的无缝对接！

是什么禁锢了学生的思维，僵化了学生的语言

——由几节农村小学习作课例想开去

在全县的联片教研活动中，我欣喜地发现：那曾被视为"雷区"的、无人问津的农村小学习作教学也在教研的舞台亮了相。它以完全开放的姿态接受大家的评议，在一个个真实的课例中，我们近距离地观察到了农村小学作文教学的现状，触摸到了农村小学作文教学的症结所在。这种敢于暴露问题的勇气，恰巧体现了老师直面问题的初衷和解决问题的决心。所以，作为一名教研员，我站在观课者的角度，把自己在几节农村学校习作课例中观察到的与大伙一起分享，也算是以课为镜，来反观自己的课堂，以期在今后的农村小学作文教学中不再有同样的问题存在，从而解放学生的思维，发展学生的语言，激发学生的习作兴趣。

一、方法缺失，使打开的话匣子被收紧成了话瓶子，限制了思维发展

让学生"说"起来，是每位老师作文教学之前必须做的功课。许多农村教师也会针对教学内容创设一个个生活情境，让学生想说、敢说、能说。真实的生活情境再现，往往能真正打开学生的话匣子。但许多时候，我们好不容易创设的交流情境，由于老师的指导方法缺失，会使话匣子一下子收紧，限制了学生思维的发展。

有一位老师在上"走进音响世界"的习作课时，为了让学生能有话可说，他是这样做的：播放几组声音，让学生听后谈谈自己听到了什么？想到了什么？学生在感知不同的声音后，一个个兴奋不已，那逼真的声音勾起了他们对

生活的回忆，引起了他们的共鸣，许多学生便七嘴八舌地说开了。这时，老师问："你能从这一组声音中，想到一个完整的故事吗？"按理说，这样的追问是有效的，可是，由于老师教学方法的缺失，使原本应该深入的交流变成了这个样子：仅仅围绕着一个学生的话题说开去。

教学情景是这样的：一位学生起来回答，说自己从这一组声音中想到了妈妈在家炒菜时的辛劳。老师听到这样的回答，便驻足于此处纠缠，也许是因为这个学生的回答让老师感觉可以在孝顺和感恩上做文章。有了这样的定位，接下来老师的教学便无暇去关注不一样的思想，而是针对这个话题提问："妈妈在炒菜时，有哪些人参加？这是一个什么样的日子呢？在吃饭的过程中发生了什么事？"在老师的引导下，学生思维的火花完全跟随老师的牵引，向着一个方向走去，把原本打开了的各异的话匣子内容收紧了，没有了创新，没有了多元的思考。通过这个课例，农村学生习作的单一性和雷同就不难找到原因了！

二、积累缺失，在敞开的话匣子里捕捉不了话影子，限制语言发展

如果说打开了话匣子是习作教学成功的第一步，那么能不能引导学生将话题说清楚、说具体则是习作成功的关键。

可是，在农村小学习作课上，往往会出现这样的现象：在老师的引导下，学生好不容易敞开了心扉，也明白了习作方向。但当老师让学生进行习作时，一个个紧锁眉头，不知从何写起，本来敞开的话匣子里却捕捉不了话影子。

有一位老师在执教习作"父母的爱"时，使我们深切体会到，习作素材的积累和语言的积累对于指导农村学生写好习作是多么重要。

教学中，老师是这样做的：课一开始，他就让学生把藏着爸爸妈妈对自己的爱的小物品带来，引导学生找这些年来，父母藏着的爱，通过一系列的活动，学生在一个动作里、一句话里或一件物品里寻找到了父母的爱。老师相机指导学生从一个词说到一句话，又从一句话说到一段话。老师引导层层深入，课堂上学生也是积极参与，完成了习作指导，老师便让学生进行习作。

但尴尬的场景出现了，学生们在习作时，要么拿着笔无从着手；要么提起笔写了几小句就草草了事；能写得长一些的，细读之，假、大、空之感扑面而来，有的习作像感恩宣言，有的习作像忏悔书，有的习作像保证书，还有的习作什么也不像，只言片语，完全不知所云。

　　究其原因，我认为是农村学生习作素材积累和习作语言积累的缺失导致。如何改变这样一种"巧妇难为无米之炊"的状态？我们得把生活与语文联系起来，读与写联系起来，形成一根纽带，通过多种渠道、多种形式，使它们之间相互沟通，细水长流。只有这样日积月累，我们的习作教学才能达到叶圣陶先生说的"胸中有所积蓄，不吐不快"之境界。

三、趣味缺失，让找到话影子的作文教学绷紧了话面子，抑制习作兴趣

　　"兴趣是最好的老师"，如果我们的习作课堂多一些主体活动，学生在情境活动中"玩"作文，不仅有效地保证了学生的主体位置，还为学生运用知识、锻炼能力提供了机会，使学习更具实效。

　　可现实恰恰与愿望相违背，特别是农村习作教学，提及之，学生和老师都有正襟危坐之势，让好不容易找到话影子的作文教学绷紧了话面子。老师条条框框的习作方法指导取代了精彩的习作活动，学生在老师给予的框架里好似一只无头苍蝇，找不到头绪。

　　一位老师在执教习作"介绍我自己"时，是这样做的：课一开始，老师便带着学生一起分析习作要求，之后教给学生习作秘诀：开篇要点题，像凤凰头一样精美；中间要具体，像猪肚子一样壮实；结尾要升华，像豹尾一样遒劲。然后学生就开始写了，老师在学生习作的过程中不停地强调，要举一个事例来证明你的性格特点，这个事例一定要具体、生动……

　　在老师不停地唠叨中，这节习作指导课结束了。当时我就在想：这样的指导课，除去老师说的，有什么东西是能沉淀下来的呢？或者说这些沉淀下来的，又能给学生的习作发展以多大指导意义呢？看着学生一个个埋头苦苦雕刻"凤头—猪肚—豹尾"的过程，我似乎看到了一个在磨灭学生习作天性、扼杀学生习作兴趣的过程。

　　以观察者的视角，通过这一节节农村习作课，我们不免会担忧、会失落。但难能可贵的是我们在这些真实的课例中看清了农村小学习作教学的现状，并深入分析了让学生思维僵化、语言乏味和趣味索然的原因。接下来，我们要做的就是在我们的"一亩三分地"里，本着提高学生的习作能力、提高学生的语文素养去解决这些问题。那种"心有所思、情有所感，而后才有撰作"的课堂

成了农村小学习作课堂追求的方向。

只有充满灵性和趣味的习作指导，才能让学生兴趣盎然；只有创新的训练方式，才能让学生的思维得以发散；只有对一篇篇文质兼美的课内外阅读材料的品读，才能提升学生的语言感悟力。做好这些，我们就能为学生找到习作的种子，农村小学习作教学才有可能富有情感，充满意趣，洋溢韵味。到那时，我想，那种"心有所思、情有所感，而后才有撰作"的习作课堂要想在农村小学习作课上呈现，就不再是一种奢望。

品生活真味　寻源头活水

纵观当下小学生的习作现状：假话、空话、套话连篇；其内容苍白、陈旧、缺乏真情实感；表达干涩，缺乏语言积淀；立意庸俗，缺乏思维深度。其根源是：学生的作文离开了生活，成了无源之水、无本之木。要让学生笔下有话可说，有事可写，就必须让学生真正地走进生活。在作文教学中，我引导学生从关注写作技巧转向注重丰富生活体验，培养习作兴趣，取得了良好的效果。

一、指引回归生活，积累习作素材

语文教学是生活教学，把学生引向生活后，指导学生去捕捉生活瞬间，品味生活细节。这样，他们才能在参与中有所思，有所想，记录的文字才是水之源，木之本。为了引导学生积累生活习作素材，我是这样做的。

（一）用好"采蜜本"，记录生活"晴雨表"

在一次批阅学生作业的时候，我发现一本作业本里夹了这样一张纸条，上面写着："陈老师，班上很多同学都给我起了绰号，一下课就叫我'豆芽菜'，我很讨厌这个称呼。我本来就是一个男生，虽不魁梧，但也不至于如此不堪吧？每天一来到学校，想到会被人叫'豆芽菜'，我就不想来……"

这位同学留的便条给了我很大的启示。在处理好这件事后，我决定启用"采蜜本"。这个本子随学生的心意，没有统一的要求，买自己喜欢的样式。里面的内容也可以"随心而为"，可以形式多样呈现，如美文摘抄、心灵日记、涂鸦写话……只要动笔就好，只要真实就好。评分也很刺激，只要是真实记录的，文从字顺的话就可以加一万分。累积到十万分，老师就有好书相借。

许多同学都很喜欢"采蜜本"，因为有一种"我的地盘我做主"的主动感。

学生们的采蜜作业精彩纷呈，仅仅是心灵日记，就让我走进了孩子们的世界，有的是这样记录的："妈妈，您又偏袒弟弟了。今天明明就是他先弄得我，可是您不问青红皂白就批评我。您又一次冤枉了我，我特别难过，我一直在悄悄问自己：'您是我的亲妈吗？'"一位同学在经历了一段烦躁的心情之后写道："撒谎后的那段时间，我真像迷失在大森林里，看不到一缕阳光，连呼吸都很困难。原来，人，还是实诚的好！"……读着孩子们的文字，了解着他们的生活，知晓他们的状态，不仅为习作积累了生活素材，还真正为教育储存了智慧。

（二）实践体验活动，丰富素材内容

带孩子体验生活，可以让他们当一天家，去体验父母工作、劳动的辛苦；可以带他们走进菜市场，去体会其中的嘈杂和热闹，去直击社会的最真实面；也可以带他们来一次远足，既锻炼了胆量，又增长了他们的见识……

下面两则是学生的生活习作片段，读片段就让我们明白，只有实践才能出真知，才能有体悟呀！

片段一：

学包饺子

待奶奶做好准备后，我和奶奶就动手干了起来，我开始学习包饺子了。我拿好一张饺子皮，放上馅，再把皮对折捏起来，奶奶说："包的时候皮一定要捏严，否则可就要喝面汤了！"所以我用力把它捏呀捏……呀！不好了！饺子馅从"饺子肚"里钻出来了，我急忙拿起另一张皮，盖了上去，接着捏呀捏，才勉强把它包严实了。我不禁自言自语道："这下你出不来了吧！"奶奶看了我包的饺子，忍不住笑了。

片段二：

卖报纸

假期，为了体验生活的艰辛与不易，我到报刊亭批发了几十份最新的《贵州都市报》，拿到街上去卖。

从报刊亭所在地出发，我来到了挑水弯。一路上我对这些爷爷奶奶、叔叔阿姨、哥哥姐姐全都问了个遍："要买一份最新的《贵州都市报》吗？"可得到的回应却十分不如我所愿。他们各自忙着，有的忙着买菜，有的忙着卖鸡蛋，还有的忙着在那里聊天，就是没人理我；呀，我突然拍了一下自己的脑门，转念一想：我是不是选错卖的地方了！哈哈，一定是的！于是，我向车站的方向跑去……

二、抓住生活契机，激活习作智慧

叶圣陶先生指出："作文的自然顺序是我认识事物中有感，感情的波澜冲击着我，我有说话的愿望，便想倾吐，于是文章就诞生了。"因此，教师先要指导学生有表达的欲望、表达的需要，然后才能拨动学生的心弦，才会激活学生的习作智慧。而要激活习作智慧，抓住生活契机是很好的一种方式。

记得有一次我刚走进教室准备上课，回头一看，黑板上画着一幅漫画：一头戴着眼镜的"猪"，旁边做了批注："陈老师是猪！"

所有的学生都屏着呼吸，我能想象得出他们都在等着我的反应。我提起的黑板擦停了下来，转过头，笑眯眯地说："同学们，我们一起来读一读这句话。"一开始学生不敢读，于是，我又启发："同学们，语言能表达出情感，老师可以从你的读中听出我是一头什么样的'猪'。"

这样一问，似乎把僵化的气氛融化不少，有人举起了手。"很好，你来读一读。""陈老师是猪。"

"你想到了什么？"

"我觉得陈老师很幽默，所以是一头幽默猪。"

"陈老师，我觉得你很智慧，读的时候可以读得深邃些。"

"好，请你试试！"

"陈老师是——猪！"学生读得很认真，看得出她很想读出那份智慧。

"同学们，语文就是这样，不同的语气我们读出了不同的画面，从刚才同学们的读中，你们看到了一头什么样的猪？"

学生们说开了，有的说是可爱的，有的说是严厉的，还有的说是智慧的。如果请你们再来看看黑板上这幅画，你们觉得可以做哪些补充？

有的说可以把眼镜画得和我的一样；有的说可以再画瘦点，因为我瘦；还有的说可以画漂亮点。

"同学们，你们这么一说，我怎么特别爱这一形象了呢？是谁和我的想法一样，给我作了自画像？"我温和地问着。

"老师，是我画的！"班长站了起来！

我心里想："天哪，作案人终于露面了！怎么是你呀？为什么你也搞起了恶作剧？"

"谢谢你，能说说为什么给老师题画呢？"

"嘿嘿，就觉得你有时有点猪头猪脑的，经常把自己的钥匙掉了，把犯错误的学生名单给你，经常记不得罚……"

"哦，所以，你觉得我是一头猪，对吧？"

"是的！"

"你们也觉得老师是一头猪吗？"

全班同学异口同声地说："是的，陈老师是一头猪！"说完，笑声传出教室。

"好，那陈老师一定是'猪天使'，不是'猪恶魔'，认同吗？"

学生齐答道："是的，猪天使陈老师！"

"那这节课，咱们就写写猪天使陈老师吧，好吗？"

"好！"

……

习作之后，我结合学生的作文教育他们：虽然一篇篇"猪天使"的习作呈现的是可爱、智慧、有爱心的陈老师，但是在黑板上公然画这样的画，写"陈老师是猪"这样的字，是不对的。学生们都认识到了这点，很信服地点头，班长也表示以后再也不这样做了。

从以上案例，我们知道抓住生活契机，能很好地指导学生习作，同时也能很好地教会学生做人。所以，当出现这样的育人契机的时候，我们要善于捕捉和指导，激发学生的兴趣，引导学生的思考，启迪学生的智慧。鼓励学生去表达，只有这样，学生的习作才会充满生活气息，具有生命灵性。

三、创设生活情境，激发习作兴趣

我国著名教育家陶行知说过："生活即教育。"从心理学角度来讲，每个孩子都是有强烈的好奇心理和动手兴趣的。当我们把一个个死板的作文题先化成一个个生动有趣的生活实验，经历真实的情感体验，写作自然水到渠成。

（一）做一做，再现生活情境

为了让生活情境再现，我经常在自己的课堂教学中创设生活情境，让学生觉得生活与作文是一体的。在教材中有引导学生观察，写观察日记的训练，我便让孩子们在家里种自己喜欢的植物，为了让所有孩子都能真的经历观察的过程，我在班级里又养了一盆"绿豆芽"。

学生们兴趣盎然，一个个都开心不已，每天都去盯着"小豆芽"生长的情况。在观察的过程中，我又引导学生记录它的变化，及时交流大家记录的情况。学生们开心极了，他们的小脑袋凑在一起，叽叽喳喳地对绿豆芽的生长说个不停。有的同学甚至把绿豆芽当成自己的小宝宝，唱起了歌谣。总是能听到同学们观察时的经典话语："瞧，它的头多像一顶漂亮的小帽子呀！""哪里，这更像它张开的笑脸。""你看哪，它终于挺直腰板了，不再营养不良了！"在这七嘴八舌的议论中，学生的观察更深入，记录更准确，体会也更深刻了。

当有了真实的生活体验，学生习作时就有了生活之源，写起来得心应手。同时，在以后遇到诸如"我最开心的一件事""我成功了""有趣的一件事"等作文题目的时候，他们就都不会再犯愁了，因为他们有经历。

（二）玩一玩，聚集生活精彩

"游戏是孩子们的天性。"在一次作文训练中，我却发现孩子们对自己最喜欢的东西却写不出新意来。题目为"精彩的课间十分钟"的单元作文中，全班同学竟然大半写一个"捉人"的游戏。这个游戏是他们在课间玩得最多的，但是由于内容规则都很单调，很多同学写出来的作文千篇一律，读起来缺少味道。这与现实中课间十分钟的内容是有很大关系的。为了改变这种状况，我让同学们重新设计课间十分钟，优选游戏，并确定一个有趣的游戏名称。经过讨论，学生确定：掰手腕、蚂蚁与大象、巧夺碉堡、盲人闯关、会跳舞的毽子等趣味游戏。在接下来几天的课间十分钟，他们玩得乐此不疲。此时，再引导学生回顾自己的感受，一篇篇"精彩的课间十分钟"便呈现在面前。这样既丰富了生活体验，为作文引进了源头活水，又为学生的生活增添了快乐。

（三）演一演，再现生活情境

通过情境的创设，激起学生急于表达的情感，让学生有感而发，觉得习作是自己的需要，而不是被动而写。

创设情境时，可以根据写作内容，让学生说和看，并身临其境地感受生活，再把这种感受记录下来。如许多孩子都经历过自己在习作的时候家人在打麻将，为了劝告家人少打麻将，我设计了一堂《都是麻将惹的祸》的习作教学，先让学生调查自己家里人打麻将的时长、频率以及打麻将时人们的各种表现，最后分析打麻将的后果。学生们带着任务回到家里，经过两周的调查统计，他们不仅带来了数据，还带来了打麻将时各种人的表现。后来，大家还组织了会演，请了家长来看我们组织的《都是麻将惹的祸》的情景剧表演，把他们所说的、所做的、所听到的、所看到的和所想到的情景演出来，直接就是一部深刻的教育大片，家长们都对号入座，深入反思且整改。

只要我们精心引导学生积累生活素材，表达真情实感，就必然会让学生感到"我手写我心"的快乐。当学生被激发起了强烈的表达欲望和习作兴趣的时候，写出的文章感情真挚，内容丰富多彩，我们便在作文教学中收获了"春色满园"的喜人景色。

第三辑

课题研究路上拾贝

思辨·笃行

教育是灵性的激活

是理性的思考

在享受每一天幸福的教育生活中

需要艺术的创造

需要理性的引领

......

云舒又云卷

日落又日出

拾掇教育科研路上的那些花开花落

嗅蔷薇

梦不落

　　教育的本质意味着："一棵树摇动另一棵树，一朵云推动另一朵云，一个灵魂唤醒另一个灵魂。"我们正如"相互靠近的树、互相伸展的云和彼此生成的灵魂"。"路也漫漫，遥遥其途。心向往之，虽远莫阻。"

身在其中，初遇不识"你"

　　沿着开满稻花的田埂，走近那片白云。蓦然回头，发现好大一片稻穗田，芬芳四里。啊，我居然已置身其中；是的，我已身在其中。

　　身在其中，我是幸福的，因为苏霍姆林斯基说过："如果你想让教师的劳动能够给教师带来乐趣，使天天上课不至于变成一种单调乏味的义务，那你就应当引导每一位教师走上从事研究的这条幸福的道路上来。"当教师成为研究者，就会乐此不疲地去研究课堂教学，研究学生，带着真实的问题去开展教育教学活动，努力在解决问题的过程中真教学，教真人。同时，教师自己也能在研究中走出迷惘，不跟风、不盲从，破茧而出，成长为真实的自己！

　　感谢遇到"你"——教育教研！

从"迷茫"的代言人到"成果"的实验者

成长如歌，我们踏歌而行，陶醉于人生之曼妙；成长似雨，润物无声，却让我们焕发生机；成长是玫瑰，虽浑身带刺儿，却氤氲了满园芬芳……

这就是教育科研给我带来的最真切的感受，成长的滋味。

曾记得刚入职没几年，还不知道什么是课题，便懵懂地参与了省级重点课题"小学综合实践活动教师有效指导策略"的研究。回头细想，在这个课题研究中，自己因为太年轻，没有研究意识，不能跳出来看课题研究的本质，但是，在整个研究过程中，我是很认真地去完成课题主持人以及课题组前辈们安排的研究任务的。我还记得，在全省的综合实践活动现场会上，我做了《同在蓝天下》的综合实践活动课汇报；在平时的研究中，我承担了传统文化类的实践研究任务。一次次在主持人的指导下去进行实践，然后我成了课题组的"实验对象"。研究中出现的问题，他们让我去实践；想好的策略，他们让我去践行。就这样，在大家的指导下，有时我是"迷茫"的代言人，有时我又成了"成果"的实验者；我还带着课题成员们的思考，在他们的指导下不断地进行实践研究，真正做到在尝试中改进、在反思中提升。

只可惜，因为当时自己太年轻，所以还是只能在实践的层面去参与研究，以至于结题了，我也没能全方位地弄明白一个课题研究的所有过程。特别是在成果的提炼上，我一直都很懵懂。俗话说：不懂就要问。对于课题研究不明白的环节要主动地去请教前辈们，从选题开始，我们需要做的就是一心一意，不断地进行思考，更要抱着一颗谦虚的心，在文献综述等方面多请教前辈，做教育科研，就是要怀着一颗严谨的心去对待，容不得半点马虎，作为课题的负责人，更要团结好自己的课题组成员。后来听研究团队的老师们这样评价我："小陈荣很努力，是一个很好的实践者，以后做课题，都可以叫上她，因为课题研究需要这种很单纯的、一门心思认真实践的人。"

就这样，从那以后，我成为一个幸运的人，前辈们做课题都会带上我。在不同的课题研究中，我发现，原来课题研究就是深入地去思考教育问题，解决教育问题，探索教育真谛，从而反馈到教育教学当中，起到积极的促进作用，让教学真实发生，让教研真实发生。这种真教育的感觉，真好！于是，我养成了及时反思自己教育行为的习惯，会用拙笔记录自己在课堂里的得与失，教学里的喜与忧，陪伴学生们成长中的乐与苦，这都成了我博客专栏里记录的真实故事。"天道酬勤"，我经历了一个年轻教师成长为骨干教师的磨砺过程，所以，很快就从教师队伍里凸显出来，成长为县级骨干、市级骨干、省级骨干、省级名师、省级名师工作室主持人。然后，我又从原来的一线教师成长为学科的带头人——小学语文教研员。

再回首，与"你"已是同行人

读书使人充实，思考使人深邃。迈出这第一步，信心及信念更加坚定，常常阅读，在阅读中思索，感动于某一个精彩的瞬间，陶醉于某一刻爱的表达，在享受这样的阅读感受的同时，在这样的过程中，我们学着思考，学会思考，并付诸团队的实践。有了前辈的支持与指导，更多的想法得以探讨与展示，最重要的是有了更多志同道合的小伙伴，组成研究团队，共同思考、共同表达。教育过程中的思考，让我们更加地坚定自己的教育信念。心之所向，虽艰必克，排除万难，与"你"同在。对"你"的向往之情从未断绝，正是这份情愫让我们夜以继日地将"你"追赶，彼此忙碌的脚步早已重叠，黎明的曙光见证我们的"同行"。

我们走向广袤

作为教研员，作为语文教师，除了要能进行课堂教学实践外，还需要有更为理智的分析和思考，要能在实践—反思—再实践这样一个过程中帮助别人，成长自己。怎样才能提升自己？我觉得必须要走向教育科研之路。所以，这时候，我更不能离开一直陪伴我成长的"朋友"——教育科研。

作为一名草根的教研员，长期行走在教师、学生、课堂之间，于是我自己定位以行动研究为主，去发现并尝试着解决教学中的一个个问题。有了这样的定位，行走就更笃定了。所以，任教研员之初，我便将小学语文分为"汉语拼音教学""识字写字教学""阅读教学""口语交际教学""综合性学习教学"和"习作教学"六个模块，通过课堂实践、项目推进等方式去逐一探索并解决各模块中的突出问题。

在分主题的研究中，我发现最让老师们头疼的还是习作教学，特别是农村学校的习作教学更是难了学生，苦了老师。怎么办呢？思来想去，我将自己以前在一线时做的市级课题升级打造，准备聚焦"生活化"来突破习作教学的瓶颈。通过努力，我的"农村小学作文教学生活化策略研究"获得了省级一般课题立项。研究前期，我们进行了大量的农村小学习作问题调研，找出制约农村小学习作教学的因素，然后调整研究方案，认真实施。自己第一次主持省级课题研究，没有高深的理论支撑，但我相信行动的力量，所以，我们认真做实以下几件事：首先是解决写什么的问题。我们通过对习作素材的梳理，结合调研发现，许多农村教师对如何指导学生的习作是没有方向、不成体系的，于是我们编写了习作教学材料，从"分享游戏快乐多""家乡文化我知道""身边的那些人""晒出心爱的玩具""写写俏皮小动物""这些农活我能干"等主题寻找习作之源，并分学段指导教师拟写教案。其次是认真做实课堂示范引领。

通过聚焦不同学段习作目标，结合学生年龄特点，分学段、分主题进行课堂磨砺，聚焦教师们习作教学中存在的问题，逐一突破。最后做得最为成功的一件事是引导学生走向生活，给教师们塑造大语文观。我们通过项目分类，让学生进行各类生活体验，获得独特的个人感知，在一个个的生活场景里，不仅解决了学生写什么的问题，还为学生的成长打下了阳光积极的生命底色。他们在生活中学会合作、学会担当、学会思考、学会生活，在那些真实而又纯朴的文字里，我们感知到生活才是语文教学最宽广的舞台……

课题组张丹老师写下这样的研修心得：观察是获取素材的重要手段，要有目的、有计划地调动学生观察的积极性，指导其在观察中积累素材。在教学"美丽的家乡"主题作文教学时，我是这样做的：首先组织学生寻找家乡的美景，他们可以去自己最喜欢的地方（如田野、大山、小河边等），激发学生去看、去听、去想，调动他们的情感体验；然后在班上交流自己的发现或感想，有意识地引导抓住最美的和别人没发现的东西交流；最后指导整合素材为我所用。

佳俊同学写出了自己的所见：家乡的田野真是美不胜收。这边，小草偷偷从土里探出头来，告诉大家——春天来了；那边，柳树姑娘正在小河边梳洗长长的、绿绿的头发；再看，金黄的油菜花正在微风中翩翩起舞，引来了一群群勤劳的小蜜蜂。

彦锜同学写出了自己的主观感受：我随意走到哪里，都能感受到乡村的气息。走进庄稼地里，只要你轻轻地闭上双眼，禾苗散发的香气就会扑鼻而来，隐隐约约还能听见虫儿的歌声。一阵微风吹来，沙沙沙，沙沙沙，沙沙沙……

两个片段侧重点不同，佳俊同学给我们带来直观感受，运用拟人的手法把田野写活。而彦锜同学则通过自己的感官，把不引人注目的庄稼地最微妙的美展现得淋漓尽致，全段未用一个"美"字，却让人不得不把它与美联系起来。可见，学生有了真实的体验，就有一双会发现万物和美的眼睛，学会去感知大自然，就能有意想不到的收获。

课题组刘汉忠老师写下这样的研修心得：生活是写作之源，为了从根本上解决学生缺乏写作素材的难题，应该勇于跳出课堂，拓宽学生的习作渠道。在"保护环境"这一主题教学时，许多学生仅仅局限于大众化的观点，只是千篇一律的口头提倡：不要乱丢垃圾、不要在墙上乱涂乱画、一定要爱护花草树木等，但观其成效，微乎其微。所以，我们引学生走出校园，走进生活场所，去发现那些最容易被人遗忘的角落，去做那些极为平常却又容易让人忽略的"小事"。经过实践，效果和预期的一样。

赵波同学这样写道：乡下人家垃圾堆放很随意，每家都有一个"灰包"（垃圾堆放处），讲究的人家比较隐蔽，离房子有二三十米，基本能收拾好，垃圾不乱"飞"，也不大。但是，大部分人家的"灰包"就在家门口，而且一片混乱，主人并没有想法清理一下，各种各样的垃圾肆无忌惮地"生活"着；有的人家放养鸡鸭，到处都是鸡屎、鸭粪，人们还经常从上面跨过，很难看见有人去清扫……

张峰同学这样写道：听说城里的人很喜欢我的家乡，他们觉得这里有山有水，环境优美，不知道他们看到这一切时，还会不会来做客。我想，肯定不会。

……

这个课题已经实施七八年了，但在课题中成长的那些点滴，足以让我们在教学的路上走得更自信。于是，课题还没有结题，我就在思考：这次课题我们做了大量的实践工作，但是在指导学生发现文字密钥的时候，又重新去寻找文本，让学生观察优秀的文字组句成段、组段成篇的方式方法，有时找来的文本并不是很合意，如何解决这个问题呢？我想，每天教师们都要上语文课，那一篇篇教材都是文质兼美的佳品，为什么不在上面做文章呢？在教育中不断地去思考，思考后更好地进行教育，正是不停地反思和发现问题，对现状的不断完善，让我从现在的课题里又寻找到了新的突破口，乘风破浪，即将开启一段新的课题研究旅程。

我们聚焦一"点"

"是的，那一篇篇教材都是文质兼美的佳品，为什么我们不在上面做文章呢？"这个疑问就这样在我的大脑里不停地出现。以往的那股较真劲儿告诉我必须解决这个问题，就这样，想法变成了行动。我内心深处其实是感谢教育科研的，让我养成了这样的思考习惯。

想不明白，就会一直想，就像思念一位恋人一样。终于，我有了灵感，我们可以在一个"点"上做文章呀！有了思考，便付诸行动，我将12册小学语文教科书全部拿来翻阅，确实如我所想，许多文章都是可以引导学生关注文字，寻得文之密钥的。于是，我的第二个省级课题"挖掘读写结合点，培养学生习作能力的地方课程开发与研究"经过一年多的孕育后立项了！

此次参与研究的是一群热爱语文的小伙，他们的参与热情不减当年的我。我们翻阅了当时的12册教材（人教版小学语文），分组对每册的课文进行梳理，找出可以进行读写结合的点，于是整理出了《烂漫山花》集子。后来，大家用这本集子进行课堂实践，找到了很多很有实效的提升学生读写结合的课例。在整理结题资料时，大家回头一看，不经意间寻到了许多烂漫山花。

课题组成员高红老师说：早在2012年，陈荣老师就和我聊过学生作文难的问题。当时她说："我们可以做一个关于读写结合的课题，用于指导孩子们练笔，让他们写好句段，学着谋篇布局。有这样一个长期训练的过程，他们的习作能力会慢慢提高。"去年，在她的带领下，我们的课题"挖掘读写结合点，培养学生习作能力的地方课程开发与研究"申报成功，我们又继续走在课题研究的路上。

课题组成员代宣丽老师说：这次的课题立项批复下来之前，陈老师就带着我们进行"读写结合"方面的项目阅读。大家阅读大量的书籍、报纸、论文等，了解了专家们对读写结合的定位。我们觉得自己不再是草根的一线教师了，我们似乎更自信了，觉得自己的行动有依据，找到了支撑点，所以，对接下来的实践充满了信心，都觉得能做出点什么。

课题组成员秦兰老师说：在代宣丽试教之后，紧接着第二节就轮到我了！怀着忐忑不安的心情，我开始了第一次的读写结合点试教"生涯"，教学内容如期进行。第二节的内容欣赏完后，学生才写了两分钟，下课铃声响了！教学任务才完成一半呢！我垂头丧气地走进办公室。课题主持人陈荣老师却喜笑颜开地对我说："没关系，很有突破呀！咱们虽然没有完成，但至少知道问题在哪里。来，我们大家再一起来好好研究研究……"于是，课题组的十个脑袋又凑在了一块儿……

课题组成员孟兰梅老师说：初涉"读写结合"，我便有千丝万缕割不断的情结，在此孜孜不倦、侃侃而谈也只缘于内心执着的追求和热爱。尽管自己"读写探究"的舞姿不够潇洒自如，甚至还显得稚嫩笨拙，但青涩终究会走向成熟。

课题组成员陈娟老师说：正是在这样一步一个脚印的艰辛前进中，我们的课题有条不紊地进行着，大家使出浑身解数，让探索过程精彩纷呈，智慧的火花激烈地碰撞着。

课题组成员陈虹老师说：做了半年多的课题研究，我突然想起开题课那天王局长说的一句话，"做一次课题研究就是一次'修炼'"。是呀，功力的深厚是需要不断修炼的，在修炼中，修炼者在精神、思想、"施功"能力上，甚至是"眼力"上都会得到提升。我就有了这样的成长体验！

读着这些文字，似乎又叩开了那道心门，带着我，走进那段研究的日子："点"挖得是否合理？在教学实践中如何落实？把握各年段及学生的特点是否科学合理？"读"与"写"的结合是否自然？……

于是，我打开当时的研究日记，看到了这些文字，现摘录一二分享如下。

虽然这个课题的研究才进行半年，可是当要提起笔记录些什么的时候，总能一下子蹦出来好多让自己感动、幸福和欣慰的瞬间！我不知道作为当事人的我能不能用文字去记录那些剔透的、纯粹的、真实的情景，但我能确保自己记录时是用心的、用情的！这半年多来，如果说课题研究给了自己和老师们一片天空的话，那这片天空因为有思考而明朗，因为有陪伴而幸福，因为有理想而踏实。

我们开题了

今天我们的课题开题了！会上，我们的局长说："作为教研员，你们需要一块实验田，可是你们也需要实验的种子！而申报成功的课题，我认为就是一粒很好的种子！希望你们把这一粒种子种好！我们会给你们的种子施肥，给予实验田充足营养，以保证你们的种子能茁壮成长，最后能出成果！"局长的话是一种鼓励，更是一种强有力的支持，我们课题组每个人脸上都洋溢着灿烂的笑容。这种教育人最想有的依靠和归属，犹如清泉，迅速地流遍全身，它正滋润着我们心田的那一粒种子，我们决心让它生长、开花、结果。于是，我们商定后建了QQ交流群，并命名为"行走无声"。这样的命名是希望时刻提醒自己，做一个草根人，草根式地行走，向深处、更深处漫溯，期待能在不经意间回头时笑看一路山花烂漫！

怀揣种子待播种

确定要行走，我们便启程！

（1）理论学习让我们自信起来。课题组老师分别学习了理论书籍《语文课程标准解读》《小学语文教师》《丁有宽小学语文读写结合法》《陶行知教育文集》，之后大家一起交流心得，总结为：知道什么叫"读写结合"了，从案例中知道了可以"如何结合"……

（2）梳理1～12册人教版的语文教材，找到相应的读写结合点。这次的行走任务对大家来说工作量比较大，我们把人教版一年级到六年级12册语文书翻了个底朝天，找了所谓的读写结合点，每个人都很开心，憧憬着这些语用点能在课堂上绽放光彩。

（3）将各自涉及的班级学生与对比班的学生从数据理论上进行对比，并拟出了实践计划。积极地准备和学习，每个课题组成员都有一种感受，自己怀揣着的那粒种子已到了春种之时，现在就等待着春耕了！

理想很丰满，现实很骨感

我们课题组所有老师都盼望着快点开学，因为我们怀揣着种子准备春耕哩！对于这一次的课堂行走，我们希冀太多！第一次上研讨课的是陈艳、高红、代宣丽。陈艳老师的《走进春天》的读写结合点是让学生品读关于春天的古诗文，然后引导他们将这些优美的语言与现实结合起来。想来正值春天，这样的创设也比较合理，可学生读了诗文后，竟无法结合语用了！高红老师的《日月潭》教学，所挖掘的读写结合点是引导学生发现写景的结构，她将之迁移过来，写"我的校园"。

如此的抛砖，却一点玉影都没有找到！代宣丽老师的《荷花》一课，在美美的课件呈现下，美美的朗读之中，美美的表演之后，却没有一点美的留痕。这次行走，我们一个个都像蔫了的茄子！课前的所有思考都在实践中被否定了，丰满的理想和骨感的现实给我们泼冷水，但同时也深深地坚定了我们继续行走课堂的决心！

在实践中，我们艰难前行

在上一次的课堂研讨中，我们发现很多问题：读写结合的点不能生硬地挖；读写结合，特别是低年级段，学生的语用不能脱离兴趣；读写结合，不能在学生对文本都没有感知的情况下进行；读写结合，读写的时间比重应该科学把握……

在思考中，课题组的各位老师又再次进入自己的实验田，这一次我们没有盲目地做。代宣丽根据大家的建议重新上一次《荷花》，让秦兰老师直接按照我们的新思考另备一课《太阳是大家的》。4月5日那天，我们又齐聚一起，秦兰老师所执教的《太阳是大家的》紧紧抓住语言特色引导学生品读，抓住重点动词让学生感受，并引导学生想象。学生在品读中，似乎找到了语用的密钥，这样美的句段跃然纸上：

"太阳一天中做了多少好事：她把金光往河面上洒，她伴着小船在小河里划，她陪着鸭子在水边嬉戏，看它们抖落一身的水花……"

"太阳一天中做了多少好事：她给阿妈擦了腮红，给阿姐染了金发，哈哈，她还偷偷躲在阿妹肉乎乎的脚丫里舞蹈！"

代宣丽的《荷叶圆圆》，调整了读写的时间比重，给了学生可以依托的句式，引导学生去仿写。在读说之后，学生写出这样的文段：

"我想变成蝴蝶，荷叶是我的舞蹈池，我立在荷叶上展翅起舞，欢快不已！"

"我想变成小白兔，荷叶是我的跳跳床，我站在荷叶上看风景，并大声地唱歌！"

……

听了两位老师的课，我终于看到那久违的笑容又回到了大家的脸上。哪怕我们的课堂还有这样或那样的问题，但至少我们找到了方向，解决了一些问题，可以在学生的写作中看到那么一点点进步，找到一点点慰藉！

带着问题实践，解决不了请专家指导，实践不行就重来。也许我们永远不能很准确地说清楚我们在做什么，做得怎么样，但是我们一直在观察和关注我们的实验对象，看他们的状态：是否快乐了？是否在读中有所思了？是否寻得文本的密钥了？是否拿着这把密钥开启了自己的文字之旅？……这就是我们草根的状态，一次次地推倒重来，一次次地愁眉舒展。很高兴，我一直没有把自己放在岸上，在"水"中虽有溺水之险，但成功上岸之后又是幸福的。

记得在课题成果展示活动中，我结合《春晓》设计了一节读写结合课，我在"处处闻啼鸟"处挖了读写结合点，引导学生在这里想开去，然后又出示一组描写春天的古诗，想引生入境，去品读，去想象，然后描写春之美。课上下来，我的挫败感很强，不但没有按照规定的时间完成既定的目标，还把学生给绕糊涂了。

怎么办？我又以归零的状态重新温习看过的文章、听过的讲座，分析类似的案例，但仍没有突破瓶颈。这时候，我们请来了贵州省教育科学院袁克丽老师，袁老师带着她的省小语团队专门针对我们的问题给我们送了不同年段、不同课型的读写结合示范课例三节，课题研修专题讲座两场。袁老师还给我们做了题为《结合课题谈科研型教学》的学术讲座，她结合我们的研究，用课堂教学为例，给我们阐释了课堂教学里的那些研究切入点的寻找、研究实施路径的定位以及研究成果的提炼等。通过专家的指导，我们有拨云见日之感，因为我们知道了问题出在哪里，解决的办法又在何处。有了更成熟的思考后，我们又继续回到课堂，不断实践、反思、总结、提升，才发现要想上好读写结合课，我们需要解决的问题远不止找读写结合点那么简单，从预习策略、课前导入、引读感悟、写法指导、作品评价、课后延伸等方面我们都需要下足功夫，逐个突破，才能得心应手、深入浅出。

记得在课题研究总结阶段，省市专家到现场对我们的课题成果进行鉴定时，一致给了我们好评，鼓励我们好好沉淀，以后好进行成果推广，让更多的人受益。这是对我们莫大的鼓舞，我想，我们永远也不会忘记他们说的那句话："你们的研究最具生命力，因为你们一直在行动！"

是的，我们一直在行动！

我们关注心灵

　　"挖掘读写结合点，培养学生习作能力的地方课程开发与研究"课题结题后，我又在思考：下一个课题聚焦什么呢？我的视角和定位应该在哪里？不知道这样的追问在有意无意中有过多少次。

　　有一天下班走在回家的路上，当时天色已晚，下着细雨。卸下一天的疲惫，独自慢慢前行，我的眼前、我的脑海里却突然出现了他们：在课堂上，他胆怯不语；在交往中，他横行霸道；在活动时，他形单影只；在接触中，他喜怒无常……

　　他，他，还有他，都是我们课堂行走中的一个个主人，是我们的学生，他们怎么了？又是什么影响了他们，遮住了他们那阳光的笑脸？

　　想到他们，越发清晰的那一张张面孔，越发清晰的那一个个眼神。他们，一定渴求我们关注，一定渴求我们爱护。是的，以前我做的课题都是聚焦学科的，都是"技"上的问题，这次，我想研究一下这些孩子，我想教育一定是要做好育人工程。我期待自己能在育人之"道"上有所思，有所为。

　　那做点什么呢？想了又想，我想到了一些关键词："心理学""阳光""品质""学生"。当我想尝试着将这些关键词串联起来时，我发现自己的知识储备是不够的，我不能自己都没有明白，又去将别人弄糊涂。那我需要做什么样的提升才能做好这个课题呢？我最欠缺的是什么呢？是的，我不懂心理学，入职前学的那点皮毛根本无法应对。

　　我问自己是不是一定要做这个方向的课题时，回答是肯定的，于是我便毫不犹豫地给自己报了二级心理咨询师的考级培训班。通过整整一年的艰辛努力，我拿下了二级心理咨询师的证书。得了证，实操也是问题，我后来又拜师学艺，专门学了一年的积极心理学。有了这些沉淀，那些两年前零星的关键词终于串成了一个名字"积极心理学视域下贵州农村学生优秀品质培养的实践研究"。想到这个课题名字的时候，我兴奋得差点跳起来。对，就是它了。后来，我们团队一起努力，写了课题评审申报书，这一次，我们又立项了，而且是省级重点课题。

本课题提出的"农村学生优秀品质"即指积极心理学提出的三大性格优势：亲和力、生命力和意志力。在乡村振兴、文化复兴的背景下，立足积极心理学视域，吸纳中华优秀传统文化，厚植学生发展根基，激活学生心灵正能量，对农村学生心理进行矫正强化，凸显农村学生三大性格优势，培养农村学生优秀品质，为农村学生可持续发展提供积极力量，为提升农村学生幸福感奠基。

为了寻找塑造学生品质的抓手和依托，课题组经过大量的尝试，最终确定依托校本特色教材构建课程，并通过学科渗透，将三大性格优势——亲和力、生命力和意志力的培养融于学科课程之中，即在现行统编本语文教材、国学原典、地方民族文化中挖掘蕴含三大性格优势——亲和力、生命力和意志力的文化元素整合重组，构建特色课程体系，夯实学生人文底蕴，提升学生幸福感。

根据不同年级学生的心理特征，在实验学校定期开展主题教育活动，让学生接受系统的优秀品质教育，在这个过程中慢慢成长，变成更好的自己。课题实践期间，搭乘传统节日的列车，课题组在各实验学校开展丰富多彩的主题活动，让学生在活动中得到传统文化的熏陶。

最幸福的事就是在研究中看到一个个学生改变，无法忘记的也是那一个个瞬间，我们一起走进几个课题成员老师的那段研修记忆里去看看。

课题组成员郭厅这样说：

教育的生活，依然平淡，又是如此的漫长。在平淡而漫长的生活中，我们不能享受叱咤风云的历史时刻，却能享受润物无声的雅趣。在匆匆的年华里，许许多多的学生来了又去了。只要我们当老师一天，那些年轻的、鲜活的生命就会出现在我们的身边。当我们处于大数据时代，生活都被数据笼罩的时候，我们要往更深处想一想，数据也是有感情的。在学生考试成绩的背后，隐藏着他们生命的全部秘密，而打开秘密的钥匙，就是为师者要有仁爱之心，要以倾世悲悯关注学生的生命和青春，一个待进生的转变也许就在一刹那……

课题组成员高红老师这样说：

每一个课题研究的过程，好比一位母亲怀胎十月，确实艰辛，但喜悦与幸福又是难以掩盖的。

我参与陈荣老师主持的省级重点课题"积极心理学视域下贵州农村学生优秀品质培养的实践研究"，真所谓"真枪实战"，才能练就"一身功夫"！在研究中，作为一名一线的草根教师，在陈荣老师手把手指导下，我真正地亲身体会了一次做课题的苦与乐！

刚开始时，因为在积极心理学这个知识领域课题组成员虽有了解，但并不深入，为了课题研究的有效推进，我们扎扎实实进行了课题研究的项目阅读。通过近两个月的时间，大家研读了《积极心理学走进小学课堂》《积极心理学视野下的学困生教育》等书籍、文章，深入透彻地为课题的实践研究做好了理论储备。作为一名村级学校的老师，我感觉自己浑身充满了能量。在实践研究中，我们关注学生优秀品质的培养，通过一个个个案的辅导、一个个活动的开展，从孩子们逐渐改变的言行举止中，我感受到了孩子们的进步。

课题组成员孟兰梅老师这样说：

"孩子的积极品质是需要被唤醒的——他们固执、他们顽皮、他们惹是生非……"

于是，我试着走进他们的世界，与他们一起游戏、一起聊天、一起跑步，和他们一起阅读，和他们一起哭、一起笑……

渐渐地，我越加发现孩子有些许变化了，作业认真了，见人礼貌了，说话讲理了……周磊的妈妈在群中感激地说："孟老师，谢谢您，把学生当成了自己的孩子。"

李唯的爸爸说："孟老师，感谢您的'美德银行'，孩子每天都想为自己存点银币。"

及时交流、信任期待等积极暗示都起了很好的教育作用，在各类活动中引导学生去发现自己的与众不同，去培养学生的优秀品质。其实"坏"孩子并非坏，而是因为他的积极品质需要被我们唤醒，需要我们去寻找与他们匹配的方式唤醒！

参与课题的研究，不仅使研究团队的每一位教师有了完美的蜕变，更助推了实验班级的孩子健康成长。

课题组成员们的心得读来很细，也很碎，但是很真，也很实。我们立项后，所有人都进入一种沉浸式的研究中，我们开始学着追问教育本质，认识教育真善之举，体验到创造之美，体悟生命的意义。

在研究中，我们达成共识：在培养学生优秀品质的过程中，改变学生认知及实验教师认知是关键。所以我们课题组通过开展系列活动，实施价值渗透，将积极心理学理念融入整个教育教学过程，实验教师须立足积极心理学视角，以积极心态影响学生积极心态，构建良好氛围，激活学生思维，丰富学生积极体验。改变，从学生心灵深处开始。教师的积极人格在培养学生优秀品质的过程中也同样有着不可估量的价值，所以，我们研究团队的老师每天都会审视自己是否处在积极的状态，是什么影响了我们的情绪，我们能不能觉知并消化。

经过"山重水复"的研究，我们终于迎来了"柳暗花明"。当这个课题顺利结题的时候，我们都感慨：自己成长了！我们会哭，但哭过之后，一定会很快笑起来。在建设学生积极品质的同时，我们自己的积极品质也建设起来了，这也许是研究这个课题得到的最大的也是最意外的收获。

我们相约成长

有人说："做某一件事，是会成瘾的！"是的，我确定我已经爱上了课题研究。

做完"积极心理学视域下贵州农村学生优秀品质培养的实践研究"课题后，我发现我们研究团队的老师的成长是一个意外的收获，这引起我的思考：教师也需要关注，也需要成长，教师作为教育者，更应该是一个幸福的人。是的，我需要好好研究我们自己了，因为自己当了十年的教研员，听过许多教师的课，见证了许多教师的成长，当然，也看到那些一直迷茫而没有找到方向的教师的失落。我想，每个人都是希望被认可的，我相信他们也希望成长，渴望被欣赏。

特别是我做了名师工作室主持人以后，当一拨年轻的教师作为学员与我一起学习的时候，我更觉得需要找到一个引领的视角，去帮助他们成长。于是，我又想将如何带好教师成长作为一个选题来研究。通过努力，我的"基于成长型思维模式的贵州农村教师行动学习研究"课题立项为省级一般课题。本研究所界定的"成长型思维模式"是指通过积极构建特定心理内环境，改变教师思维方式，突破教师"固定型思维模式"，让居于边远山区的一线教师在专业成长过程中突破"习得性无助"状态。同时通过共同体的构建，在团队学习中获得成长的内驱动力，不断重塑自我，从而促进教师专业素养整体提升。

在研究中，我发现可以将心理水平和专业素养划分为三个阶段，即"入门期""成长期""成熟期"。于是我们根据这三个时期教师的不同心理特点和专业水平设计出了成长目标与实施途径，然后结合目标认真做好做实研究过程，依托"陈荣名师工作室"开展了一系列研训活动，实现在"干中学"的实操模式。

"干中学"——课题式研修：聚焦课题研究，通过"课题式"研修，构建教师成长型思维发展。

"干中学"——课堂磨砺：课题组成员在研究中以"课堂"为抓手，通过教材解读、课堂设计、课堂磨砺、教学反思等过程，提升教师专业素养。教师精心准备的过程就是打磨的过程。这也是一个学会反思、逐渐完善的过程，是专业发展的必经之路。

"干中学"——专业书籍强内涵：积极成长，消除交往障碍，自信表达，在同伴引领互助中构建成长型思维。

"干中学"——专家引领指导：聆听名师、专家课堂讲座，反思自身教学行为，不断提升自己的教学能力，构建成长型思维。

"干中学"——同伴引领助提升：与名师结对，与伙伴同行。

实践出真知，我们通过系统的"干中学"研修，在课题研究中得出以下结论：一是成长型思维是农村教师成长的内驱力，行动学习是成长型思维重构的重要依据；二是内外之力的整合促进农村教师自我认知的觉醒，是激活成长型思维形成的关键；三是行动学习项目建设是农村教师学习保障，教师不同时期的发展规划是精准实施的前提；四是行动学习项目实施本土化，对农村教师专业成长有积极作用。同时，研究反思找准实施行动学习的途径，优化教师培养培训方法，是教师成长型思维形成、促使其进入自主提升良好状态的关键；也是落实教师心理健康、专业提升，实现农村教师整体水平提升的有效策略。

课题研究组赖世亮老师这样说：

参加陈荣老师主持的这个课题研究，我仿佛又回到了十年前的大学生活，又能充电了，真好！认识新伙伴，练习基本功，好书推荐，课例研讨……一切是那样的熟悉，却又有点遥远。又回到原点，虽有"无可奈何花落去"的惆怅，但更多的却是"似曾相识燕归来"的喜悦。

今天，人的一生只充一次电的"干电池时代"已经过去，只有成为一块高效"蓄电池"，不间断地持续充电，才能不间断地释放能量。王国维老先生在《人间词话》中讲述，人生有三大境界："'昨夜西风凋碧树。独上高楼，望尽天涯路。'此第一境也。'衣带渐宽终不悔，为伊消得人憔悴。'此第二境也。'众里寻他千百度，蓦然回首，那人却在灯火阑珊处。'此第三境也。"现在明悟，其实每一件事都要经过这三个阶段，迷茫慎思而立，明辨坚持而守，笃行善终而得。工作中，这三种情况周而复始，很多时候，迷茫无助，有点进步，刚刚欣喜，突然又"觉今是而昨非"。现在，参加这个课题研究，特别是"成长型思维模式"的构建，让我学会了思考教育问题，每节课后，把自我在教学实践中发现的问题和有价值的东西记下来，享受成功，弥补不足。力争做到：反思昨天，在反思中扬长；审视今天，在审视中甄别；前瞻明天，在前瞻中创新。时刻把工作与思考相结合，在思考中工作，在工作中思考，创造性地开展工作，做好自己，完善自己，做学生喜欢、家长满意的合格老师。

课题组罗华说：

新的教育形势对农村地区的小学语文教师的专业能力有了更高的要求，因此，急需教师树立一定的成长型思维，努力提升自身的专业能力和教学水平。我很高兴有机会参与陈老师主持的"基于成长型思维模式的贵州农村教师行动学习研究"课题，在研究学习中，让我知道我们需要加快学习型教师团队的构建。让大家可以紧紧围绕学科教育的目标，相互之间进行交流、合作，从而在促进教师专业能力提升的基础上，营造良好的学习氛围。同时则是需要我们加强对自身的建设和提升，不仅要树立一定的成长型思维，同时还需要重视自身专业能力的提升，踊跃参与到由教育部门、学校所组织开展的教师培训活动中去，从而在参与培训的过程中得到锻炼和提升。总之，作为一名合格的教师，需要具备一定的成长型思维，其不仅需要教师认识到自身职业的价值，敢于应对新课程改革所给予的挑战，同时还需要对现有的教学手段进行创新，着重解决新课程改革过程中存在的问题，并在此基础上不断地进行学习和反思，从而切实提高自身的专业能力和教学水平。

课题组张移移说：

在参加课题研究这半年多的时间里，陈老师经常提醒我们要多看书、多思考，以积淀我们的思想，并组织我们在线上线下研修。通过新课程改革和高效课堂理论学习，我对新课程改革的认识更加深刻，对高效课堂的理解也逐渐走出了一些形式上的误区，在教学实践中不再围于对既有程式的教条的模仿，课堂改革出现了不少亮点。同时，我觉得自己每天都很自信、阳光，逐渐形成了自己的课堂教学风格，将激情带入课堂，用语言营造氛围，在理论上突破，在情感上驾驭，让语文成为培养学生人文素养、人生智慧的最佳选择。

品读着伙伴们的文字，体悟到他们字里行间述说的那份成长的喜悦与幸福，我突然好想再记录些什么，哦，对，记录做这个课题的收获；但我的思绪却不自主地飘飞到那个围炉夜话的场景，我清楚地记得伙伴们的那份迷茫，那份徘徊，听着他们述说的生活之苦、工作之累、成长之迷茫……但我又分明能感受得到他们对教育的挚爱与深耕教育的决心。于是，我提议：用专业捍卫尊严，用智慧构建课堂，做一个幸福的教师！伙伴们听后，一致赞同，我们决心重新观照内心，审视自己的教育行为，用成长型思维去工作，去生活，去学习！两年的研究，我们一直在成长，一个个伙伴就像大大小小的花瓣聚集在一起，汇聚成一个球状，绽放出它最美的一面，紧紧相拥，相簇在一起，不仅仅是幸福，更有一种燎原之势在影响着其他的人！

再遇，愿"你"引我入芬芳

荀子有言："道虽迩，不行不至。"这告诉我们，任何一项事业都要靠实践去完成，只有通过脚踏实地的实践，才能达到高远之境。作为一名教师，想要行之高远，必须要做一名研究型的教师，把自己的教学与教育科研链接起来，让教与学的生命都得以升华。研广则活，研活则深，研深则透，研透则明。一切研究皆为脚踏实地地行走注入生命力，让教育中的问题成为真课题，作为课堂的研究切入口；然后课堂的发生又为研究寻得支撑，在不断地发现和解决问题中，研究与教学默契结合，我们便在不断地优化中创造教育的价值，实现教育的真谛。

教育之行，是需要我们知其所"远"，方能行其所行；如果我们只是周而复始地机械劳作，不知所"远"，其行竟也无功矣。所以，愿再与"你"同行，期待"你"能引我入芬芳！

执手同行　一路芳香

一路走来，课题研究之路走了十来年，陪伴自己的人很多很多，有领导，有同事，有亲人，有朋友，有学生。他们一个赞许的眼神、一句温馨的话语，或是那一句一针见血的批评指导……都成为我们前行的动力！采撷几句，倍感幸福。

"陈荣，你们需要什么样的指导、什么样的课型，或者说你们最需要哪方面的帮助，总之，你们需要什么，我们就尽量去做！"我的导师说。

"没事，你们大胆去做，要什么，只要是合理的，都允许。不过有个希望，要做成一个样板，可供学习的样板！"我的领导说。

"陈老师，我是一个年轻的老师，如果你愿意，我想奔跑起来赶上你们的步伐，和你们一起前行！"我的同伴说。

……

怎么会不愿意呢？我们有教科研朋友的陪伴，有智者的引领，有领导的关心，有伙伴们的帮助，最重要的是，我们都怀揣一粒"种子"，爱我们的课堂，爱我们的学生，爱我们的教育。

相信，再遇时，"你"一定能引我入芬芳，当再回首时，一定可见烂漫山花。教育路上，我们从学子变成师者，在师者这条路上我们一直都是"学子"形象。俗话说："活到老，学到老。"伴随着社会的发展、科学技术的不断进步，在教育领域也发生了很多内在及外在的变化，作为师者，我们唯有努力学习，跟上时代的步伐，不断提升自己，充实自己，站在三尺讲台才能有底气、有自信，从容面对一切。在我们的教育及学习过程中，一定会发现很多的问题困惑着自己，这一个个瓶颈也许正是我们的机会，让我们奋勇向前。每一个问题的提出都值得我们去探索，形成团队，攻克难关，为我们所用。一味地模仿

129

和引用，只会束缚我们的思想，唯有形成自己的思考，从文献、背景等多方面去研究，终会开花结果，引入芬芳。任何事情都有第一次，课题研究也不例外，第一次尝试，第一次面对失败，第一次去阅读大量文献书籍，我想说，大胆地迈出这一步，教育科研这条路，你并不孤独……

第四辑

只愿拣儿童多处行

温暖·幸福

回首走过的路

每当想起那暖心的笑靥

我的烦恼便烟消云散

忆起那贴心的话语

我又仿佛回到了梦之园

是呀

岁月的流逝挥不去执着的梦

时光的飞驰也带不走永恒的心

因为在这里

有你们幸福的小脚丫

也有你们最爱的大娃娃

"众里寻他千百度，蓦然回首，那人却在灯火阑珊处。"二十年的教育生涯里，前十年和孩子们嬉戏玩闹，后十年和教师们研磨课堂。记忆深处，最难舍的是与孩子们相处的那些时日，最不能忘却的是那些童言稚语里传递的爱。于是，我小心地打开记忆的匣子，发现拣儿童多处行时，遇见一个个灵动的生命，他们闪耀着人性之真、之善、之美；我用真心、正义和无畏的教育形象引领他们走进阅读，走向生活……

爱在左，责任在右

　　为师之道，重在学养，贵在师德——爱与责任。冰心言："爱在左，责任在右，走在生命之路的两旁，随时撒种，随时开花，将这一路长途点缀得花香弥漫，使穿枝拂叶的莘莘学子，踏着荆棘，不觉得痛苦，有泪可流，却觉得幸福。"故作为师者，我们要做好"叶的事业"，做谦逊的实践者、奉献者。正如老子《道德经·第八章》中所说的："大爱无言，爱善渡万物而不鸣；上善若水，水善利万物而不争。"师者以爱为上，爱之上者，方能生智，智在行中，可谓育者。漫步教海，流连童心。爱在左，责任在右，因为爱，我们的责任便有了人性的光环，有了理性的思考。所以，我们的三尺讲台上应是左手携爱，右手扛起责任的大情怀。

投之以桃，报之以李

今天是教师节，是自己踏上教坛的第二十个春秋！孩子们的问候让我怀念不已！

是怀念那青春的岁月，还是怀念和孩子们一起的日子，或是怀念那充满稚嫩的生活气息的教育给自己带来的那些满满的幸福？

或许都有，所以呈现太多……

记得当年，在这个活动课程中，自己设计的其中一个小组活动是"端午节的诗文化"，学生们收集了许多关于端午节的诗文化，快要到小组汇报时，有的学生准备表演"屈原的故事"的课本剧，有的学生准备朗诵梅尧臣的《五月五日》，其中有几个学生说他们要唱《水调歌头》。这可难为我了，因为五音不全的我根本指导不了他们，而且他们自己还不完全以原曲来唱，说要改调。天哪，真是为难我这个导师了！没想到孩子们自己已请了音乐老师做指导，早已做好一切准备工作。听到这里，我感叹：这样的课程，给孩子的不仅仅是知识，看来孩子的交流沟通能力已得到训练。在汇报那天，孩子们精彩出列。为了鼓励这些小家伙，我承诺他们，周五放学后，对于每个小组评出来的优秀组员，我将奖励他们骑自行车带他们围绕学校拉风一圈！孩子们顿时沸腾起来，欢呼一片！

周五放学后，我们如约来到了操场。

呵呵，小家伙们还真是不亏待我，评出了三十五个优秀组员，这就是说，我得带着他们围绕着学校转上三十五圈！

"君子一言，驷马难追！"说罢，我便让孩子们上了车，一圈、两圈、三圈……清风徐徐、心旷神怡……

"你们快看，你们快看，陈老师的脸红起来了！"

"呵呵，够陈老师跑的，现在才十圈嘞！"

"你可别小瞧了我们的陈老师，她虽骨感，但能干着呢！"

"可别，她现在得意，是因为'重量级别'的我们还没上场呢！"

……

欢呼声、惊叫声响彻了整个校园……

"陈老师，加油！加油！快了，三十圈了，只有五个了！"

还有五个呀，我的妈呀，我快不行了！……"下一个，快点上来。就是你了，小舒。"别看小舒是女孩，可实在得很。一上车，天哪，小家伙不会骑车，上来也很笨重，差点把我给摔下来！"准备好了吗，小舒？那我们走了……"

又是一阵狂奔，"妈呀！哇……"一阵哭声，让我一下子傻了！回头一看，是小舒的脚被自行车的链条绞住了，我急忙停下。天哪，小家伙的脚出血了！这时，在旁边等孩子放学的小舒妈妈跑了过来。我正要开口，小舒把眼泪一抹，强装无所谓地对她妈妈说："妈妈，是我不小心将脚放进链子里的，与陈老师无关，你不能怪她，我不疼，真的不疼！"

听到一个一年级的孩子说出这样的话，我想到自己做这件事的初心，想到由于自己没有做好细致的防护而让孩子受伤，内心惭愧不已，正要道歉，孩子妈妈看着我笑了，满头大汗的我一下子清凉许多……

……

"妈妈，不怪陈老师！真的，咱们不怪陈老师！"孩子的话在我耳畔回荡，在我心里回响……

遇见那个说要和我结婚的小男孩

那天，我带着小女儿在公园滑滑梯，突然有人在背后大声叫我。我转身一看，原来是他——祥祥，那个曾说要和我结婚的小男孩。

规整的校服，笔挺的身板，书生气质。

"呵，原来是你小子呀！"看上去又长高了许多，皮肤更加黝黑了，不过看上去更健康。最大的变化是他的脸上也与我一样架上了一副眼镜！

"你小子怎么也学我戴眼镜了呢？"他什么也没说，傻傻地一笑。他这一笑，似乎长大不少。

我们聊了许多，聊起过去的小学生活，聊他现在的高中生活，聊他理想的大学……

我们聊的时候，小女儿跑过来黏着我，要我抱抱。这时，祥祥说："时间过得真快呀！陈老师，还记得您十九岁出来教我们，现在您的小女儿都这么大了！"是的，时间过得真快呀！

还记得他上小学一年级的时候，那天是六一儿童节，天气很好，我早早地就到学校给孩子们化妆。

到给祥祥化妆的时候，他一双圆溜溜的大眼睛盯着我，突然开口说道："陈老师，我长大以后要和您结婚！"

我被这突如其来的话语惊住了，当时在场的人都笑了，我也忍不住笑了，问道："啊？为什么要和我结婚呢？"

"因为陈老师很好呀，不仅教我们语文，还给我们化很漂亮很漂亮的妆！"小家伙很认真地说着理由。

小家伙认真回答的样子把所有人都逗笑了！

祥祥化好妆，就开心地和小朋友玩游戏去了。

我继续给孩子们化妆，家长们在旁边说："这孩子，怎么能这样说呢。"

还有的说："陈老师为什么只是笑了笑，不去引导呢？"

我装作什么也没有听见，因为我知道，有许多答案，是让时间去回答的。

……

"陈老师，陈老师！您是在回想当年吗？"

"是的，那些时光，真的好美！"

"陈老师，回忆起一年级时说的那句话，我自己都觉得好笑！"

"怎么会笑话自己呢？那时你只是在说真话而已！"

"您真的是这样认为的吗？"

"是呀，好简单的想法，那是只有孩子的世界才有的童话！"

"谢谢您！陈老师！"比我还高的祥祥居然深深地给我鞠了一躬。

这一鞠，鞠得我心里暖暖的。

抬头时，他笑了，我也笑了……

小花儿，你可以走出温室了

夜已经很深了，可我却越来越清醒，丝毫没有半点睡意。也许是这夜太宁静，呼吸的声音都吵到了我；也许是那两次学生体验活动，让我陷入久久的反思和警醒。那一个个镜头，在我眼前不断地浮现，在我的脑海里不停地回放。

我所带的这个班级被市教育局评为优秀班级，这个班的学生在各类竞赛活动中均有优异的表现。可这次活动就像一次检验一样。当我带领他们从学校走向生活，从课堂走向实践，我发现，他们并不合格。

镜头一：

周五一大早，综合实践课堂体验组"飞鹰队"在我的带领下，准备乘车到另一所学校进行课堂体验，大家雀跃着，像欢唱的鸟儿。离开城区，我们的车行驶在一条乡村马路上，车窗外，映入眼帘的是田野里金灿灿的稻谷，还有整块整块的玉米地，就连那些小山丘也变了颜色，漂亮极了……迎面扑来的是丰收的味道，我们都惬意极了！

没一会儿工夫，我们便到了目的地，孩子们都迫不及待地下了车。这是一所干净整洁的学校，校园里的植物长得郁郁葱葱，教室里传来孩子们的读书声，一切都显得那么和谐，那么清新和美好……

我带着孩子们来到事先联系好的班级，进了教室，发现刚才雀跃的孩子们沉默了，他们不情愿地走进农村的孩子们中，从他们不时打量农村同学的衣着的眼神中，我发现他们有所嫌弃。上课了，杨老师说这节课带大家到农耕基地去体验挖土豆。杨老师把孩子们分成四个大组，我们班的这些孩子就是其中一个组，他交代了挖土豆的注意事项后，便带着孩子们向农耕基地走去。

来到农耕基地，只见杨老师班上的孩子动作麻利，即使是个子娇小的女孩子也仿佛一身劲儿，他们总能挖出又多又完好的土豆来。再看看我班上的这些小家伙，好不容易把锄头抢起来，但锄头落下去，要么挖碎，要么因为力气太小，连挖好几锄才挖到一个小坑。没多一会儿，有的拍身上的泥土，有的看自己的小手，有的还嘴里嘀咕着不耐烦……

在课间时，他们看到农村孩子们在操场上玩"跳板"，玩"捡石子"，一个个都不参与，还悄悄议论："这玩的是什么呀？这么土！"

"是呀，拿几颗石头玩来玩去的，不怕弄伤手吗？"

"我发现他们好像很喜欢石头嘞，除了捡石头，你们看，地上跳的也是石头嘞！"

"是呀，是呀，随便在地上画几个方块，拿石板也能跳！"

然后，几个同学不屑地发出同样的声音：切……

镜头二：

周末，综合实践小组"飞鹰队"的主要任务是体验农村同龄孩子的周末生活，我联系了当地的老师，选择了坤坤的周末作为参照，我们能从他的生活状态中了解到许多农村孩子的真实情况。

周六早上了解坤坤的半日活动：早上他骑着牛，把牛牵到一个很大很广，离庄稼地较远的山坡上，然后跑到有猪草的地里打猪草。坤坤就这样一点一点地打，跑了好多块地，才把猪草打满。坤坤告诉大家，到了深秋季，猪草根本不好打。当他把猪草打好后，就牵牛去了，他说这个时候牛也吃得差不多了。坤坤找到牛，牵着回家，然后忙着做饭，等在地里干活的爸爸妈妈。

下午的安排比起早上来说要轻松得多，因为都不用外出，只是在家里将猪草剁碎，放在猪食锅里煮，煮好了就喂猪。另外一件大事就是奶奶外出，弟弟妹妹就得坤坤照看，还有些琐事等着坤坤。

我们刚到实践活动的地点不久，小李子的妈妈就走过来对我说："陈老师，我一会儿给孩子请个假，孩子下午有钢琴课！"

"陈老师，不好意思，聪聪的爸爸已经开车来接我们了，我们下午还有事，这体验活动聪聪就不参加了哈！"说着，聪聪妈妈拉着聪聪走了。

"还有要走的吗？"我追问道。

"陈老师，我，我们搭聪聪家的车！"

……

还好，只走了几个，我悄悄安慰自己。

体验开始了，坤坤开始剁猪草了，但我发现我的学生们只是用好奇的眼睛观望着，一会儿问这个是什么，一会儿又问那个是什么。

特别是在带弟弟妹妹的时候，同学们更是束手无策，看着那调皮的弟弟妹妹跑来跑去，他们只会笑……喂猪吃食的时候，他们更是躲得远远的，生怕那猪不小心把猪食弄到自己身上……

与其说是体验，留下来的也只是"远远地"观看。

归途的路我感觉很漫长，车一直行驶在路上，车里的孩子们很热闹，细细听来，没有今日精彩的回忆，没有今日的触动心灵，话题全都停留在家里的平板电脑、电子游戏、精美卡片上面。此刻的我不知道该对孩子们说些什么，用怎样的方式对他们说，我真的不知道。我靠在车窗旁，目光一直望着窗外。这山山水水，这如画卷的大自然是如此的美，但是这美并不属于我的孩子们。大自然积极地将我的孩子们拥抱，但是我的孩子们却将大自然使劲地推开。落日余晖洒在车窗玻璃上，橘红的天边，将我的思绪一起带过去。我多想告诉孩子们这就是在我们身边的触动心灵的美：那夕阳，那车窗，那脸庞，橘色之下，融为一体。自然里的人，自然里的万事万物，可以很渺小，也可以很伟岸。这山高峰入云，这水清流见底，我的心底突现这样一份期待，我期待我的孩子们那颗沉醉不知归路的心能有一个清醒的决定。

去实践活动地点之前，我是满怀信心的，我在课堂上对孩子们的各种教育是行之有效的。俗话说"实践是检验真理的唯一标准"，现实摆在眼前。我设想的是孩子们踏歌而来，满载而归，一路闻花香，一起惊叹于自然对心灵的冲击。而另一群孩子在自然中得到的快乐与成长是令人羡慕的，我的孩子们犹如温室里的小花，在高山、在流水面前，犹如透明的空气。我希望我的孩子们能拥抱自然，在自然里茁壮成长，任凭风吹雨打，坚定的意志让他们迎风向前。下一次的"橘红"，我希望不仅仅只是在天边，更是在我的孩子们的脸上，在孩子们的心里。

我想说：小花儿，你可以走出温室了！

契机下的完美小孩

踏着青青的绿草，迎着灿烂的阳光，和往常一样向美丽的少年活动中心出发。

可能与天气有关，今天的心情特别舒畅！

上课时间到了，第一课时是阅读，因为昨天上了导读课，所以这节课孩子们就按照计划阅读。我发现通过一个学期的阅读教学，孩子们基本养成了看课外书的习惯。特别喜欢看他们手捧图书阅读的样子：有的紧锁双眉，若有所思；有的抿嘴微笑，享受其中；还有的窃窃私语，迫不及待分享让自己快乐的那些文字……

时间过得很快，第一节课在不知不觉中就这样过去了。下课铃声一响，孩子们又活泼起来，只见他们迅速将书收好，一个个就像离弦的箭冲向少年宫的活动场，向那个充满生命力的地方——有许多小蝌蚪的池塘跑去。

只见小家伙们有的跪在地上，使劲地将手伸进去；有的东看看、西瞧瞧，还是忍不住将手放了进去……

孩子们欢笑着、谈论着，就在我叫他们进入教室的那会儿，有的甚至还将手中的"胜利果实"（装满小蝌蚪的杯子）在我面前摇晃。

我迟疑了一会儿，然后重新拟订自己的教学计划，还没等大伙平静下来，我便在黑板上写下了大大的六个字——教室里的"哭声"！

几十双眼睛齐刷刷地投向了我，他们似乎觉得爱开玩笑的我是不是又在与他们开玩笑，那可爱的小脸蛋上的笑容还没有收敛起来，好像在说："老陈呀，这哪儿来的哭声吗？"

我静默了片刻，很严肃地说："是的，我听到了哭声！"

"老师，在哪儿？"有的同学问。

"就在你们的杯子里！"

绽放在孩子们脸上的花没有了，他们紧紧地盯着我，似乎明白了点什么。

"我听到了两个哭声，一个是小蝌蚪在哭，因为你们将它们放在了它们不喜欢的地方。"

"另一个是小蝌蚪的爸爸妈妈的哭声，因为它们正在焦急地寻找它们的孩子。"

孩子突然全明白了，有的同学急得哭起来："陈老师，我错了，请让我把这些小蝌蚪放回去吧！"

她的话音刚落，其他的同学也跟着附和。凡是捕捉了小蝌蚪的，都涌出了教室……

回来的时候，我看到他们脸上的笑又回来了，一个个如释重负的样子，我借此机会说："如果我们没有爱护小动物的意识，只图自己一时的开心，那最后一种哭声应该是人类自己发出来的。"

……

说到这里，我发现孩子们已经体悟和明白了，于是，我让他们拿出作文本，把刚才经历的写下来，表达自己内心真实的想法。

教室里又静了下来，而此时的静与之前相比，更有所思、有所悟、有所感，它经历了由阅读到生活，由思考到表达的过程。所以，只见小家伙们一个个聚精会神，认真书写，不一会儿，一篇篇灵动的作文跃然纸上。

我感叹：真是不愤不启呀！

不要用"真"划碎孩子的梦

无法忘记孩子眼里噙着的那晶莹的泪花，因为我的"真"，差点划碎孩子五彩的梦……

事情是这样的，一次作文课，在修改批阅的时候，好多学生都争先恐后地将习作本递给我，希望我能第一个给他们批阅。在给孩子们指出问题的同时，我给的保底分都是比较高的，足以让孩子们雀跃良久。

这时，我看到了英子，她穿着一件粉红的上衣，圆圆的脸蛋上洋溢着自信的笑，我不由得在众多的本子中先拿出她的习作。她情不自禁地向四周的同学扮了一个鬼脸，有点炫耀她的作文先得批阅之意。

我迅速地扫视着孩子的习作，是一篇好作文，情感真挚，段落分明，语言准确，更难能可贵的是，孩子将一家人其乐融融的景象用诙谐幽默的语言表现得淋漓尽致……

我下意识地看了看英子，她正轻轻地挨着我。我分明感觉到，这个小家伙就像小猫一样蹭着我，她那双水汪汪的眼睛一直关注着我的情感变化，我知道她在期待我的表扬。

我什么都没有说，用红色的笔画出了她写的作文当中的部分内容，把有"爸爸"的字样都圈了出来，然后轻轻地问："写的是真的吗？"

"是的！"

"可是……'爸爸'……"我终究没有把话说出口，因为我知道，英子的爸爸在她三岁的时候就因病逝世，永远离开了她。

我轻轻地说了一句："孩子，记得要写真话哟！"

英子胖嘟嘟的脸通红起来，和我争辩道："老师，我写的是真话！"孩子呆呆地站着，似乎要流泪。

　　我有点不知所措，反思自己是不是做错了什么，思索片刻，我立即给了自己这样的回应，先不谈文中父亲的形象真实与否，且看孩子的文笔、文章结构以及孩子在文章中投入的感情，马上转念，拿着英子的本子向同学们说："英子这次作文，特别是她的语言描写，很符合角色的口吻！她敢于创作，感情真挚，是一篇优秀的习作。"

　　英子听了我的表扬，小脸蛋一下子又恢复了之前的粉嘟样，开心地说："谢谢陈老师！"说完，像可爱的小精灵一样跑到一边去了。

　　第二天，英子的妈妈遇到我，说："陈老师，感谢您，感谢您对孩子的教育，昨天的习作确实是英子写的，您圈出的'爸爸'一直活在我们心里。"

　　回家路上，思绪飘飞，我差点，差点就用"真"划碎了孩子的梦！所幸，孩子的梦还在，这梦伴随着孩子，一路成长，一路芬芳……

瓜苗之上，星光点点

　　刚才带孩子去楼顶玩，一片新绿占据了我的整个视野，我突然感慨生命的顽强，感叹没有去精心呵护的生命也有其美丽的春天！于是，我蹲下身子，细细地品味着，欣赏着，思考着……

　　看，它们那强劲的枝干骄傲地伸展着，特别是那绿叶丛中金黄色的小花，尽情地吐露着芬芳！翩翩起舞的蝴蝶给了它最大的奖励。在这小生灵的指引下，我的视线也随之落在了另外一个地方。啊！多么自豪的小家伙，它在绿叶丛中娇羞地将一个个可爱的小脑袋探出来，一个个那样稚嫩诱人、晶莹剔透！如果它是在精心培育之下生长出来的，可能我不会如此感动和惊诧，也不会这样感叹其生命力的顽强！还记得一个多月以前，它们是一株株不起眼地垂着头的小瓜苗呀！

　　那是前不久孩子奶奶从乡下带来的几株瓜苗，因为奶奶不舍得丢掉这还有生命的小植物，就问我哪里可以栽下它们。我说，楼顶上有一堆沙石，是以前砌房子剩下的。后来，她老人家就真的把它们栽在了这堆沙石上，我猜想老人家也只不过是想让几株小生命找到一个安身之所……

　　再后来，我只知道奶奶偶尔去给它们浇浇水！而我，好不容易才去一下楼顶，也只是一个匆匆的过客，不曾想过要去看看它们，因为它们压根就没在我心里留下些什么！可今天，它们却以真实的、傲人的存在证明了一切，至少在我心里留下了"瓜苗向上"的印象！

　　我久久地凝视着它们，思绪与它们那生机勃勃的瓜藤肆意地滋长开来……

　　我突然想到班上的小强，每天来上学，爸爸妈妈都很心疼，就连书包也是爸爸妈妈帮着背，我多么希望孩子的家长也能看到这一株株蓬蓬勃勃的瓜苗，我多么希望他们能明白：太关注自己的孩子，太爱自己的孩子，给孩子以舒适的空间，给孩子以温暖的环境，给孩子以丰富的物质，孩子要什么就给什么，孩子不要什么，却还在努力地为孩子做着……可是，我们却没有给孩子这样迎风沙生长的机会，没有给孩子锻炼身体和意志的场地……

似乎，是家长替孩子做了这样"挑战"的决定；似乎，在孩子的成长过程中，缺失了童年本该有的一部分内容。这样的童年变得残缺，这样的童年变得自我。世界那么大，星空那么美，部分孩子"被迫"低下头，依偎在父母怀里，不敢抬头，不敢迈步。那是美丽的世界，那是自由的天空，那是星光下的每一天，那是随意翱翔的思绪。成长的路上，或孤独，或喜悦，在这样的磨砺过后，一定会奏响最美妙的音乐，踏歌前行，自信阳光。

瓜苗在成长，瓜藤在蔓延，不停地向前延展，探索着每一寸土地，欣赏着新空气带给自己的愉悦，瓜苗的视野是如此开阔，这是自己努力向前得到的结果，永远是那般的清晰，永远激励着自己保持蓬勃的朝气。瓜苗在慢慢长大，又有了新的目标和希望，终于，它即将开放，即将迎来最美的芬芳。作为师者，我们身边也有很多的"瓜苗"，呵护着，也要学会适时地"放手"，"瓜苗"是自由的，天空是辽阔的。让我们共同努力，让"瓜苗"仰起头，迎着朝阳，奋力向前。点点星空，看他们来来往往、独自前行的最美身影。

一阵风吹来，带着瓜花和瓜果的芳香，一阵紧接一阵地浸透我的心脾。我凝视着远方，忽然感觉很幸福。因为，作为一名教师，我已有所思考，我欣慰，我育人的时间还长，看着"瓜苗"，前往静谧的点点星空……

教育大美，渐入佳境

冬日暖阳，洒落在窗棂边，透过明亮的玻璃投射在自己的身上。沐浴在这冬日的暖阳里，聆听着窗外的上课铃声，只见孩子们潮水般地涌入教室，不由感叹：教育，真美！教育之美，美在童音里，美在发现中，美在耕耘时……作为师者，我们会发现，只有用审美的眼光和对美的敏感去教育，才能真正体会到教育才是有温度的、甘甜的；当我们把"迟钝""偏离""反复""不听话"与"聪明""专注""一贯""懂事"视为无二时，方知它们的并存，才可构成丰富的教育过程，我们才可创造出成长的画卷。故我们要有举目远眺云巅之大境界，更要具有平常心。当我们行得"曲径通幽处"，方可拥有"禅房花木深"，教育之魅力便在于此。

以同样的姿势与学生一起走

"孩子们，我想以同样的姿势，与你们一起走"，这是我特别想对我的学生说的一句话。

下午的两节阅读课都是我的，上完第一节导读课后，第二节便是学生阅读的时间。教室里很安静，每一个孩子都认真地阅读，教室里静悄悄的，一点声响都没有。我很欣慰，这一年多来的阅读坚持，孩子们养成了很好的阅读习惯。

但我还是很不放心，于是就像"黑猫警长"一样，威武神气地在教室里来回踱步。刚开始，我扫视着教室的每一个角落，生怕哪个小家伙没有专心读书，生怕自己没有用教师敏锐的目光逮住其中"分心"的一个人！可是，很快，我发现自己与这样的集体是那样不和谐，孩子们一个个捧着书，才小学二年级的孩子，却表现得那样安静和执着！而我，在教室里来回踱步，和孩子们安静的状态对比起来，我就像是一个多余的人，显得格格不入。

我突然想到自己在提倡加大课外阅读教学时，在家长会上对家长和学生提出的要求，再看看自己，我又对自己有什么要求呢？于是，我悄悄地走到图书角，随机拿起一本书，静静地靠在教室的一角，不知不觉中已经和孩子们融进了书的世界……

铃声突然响起，室内广播响起了眼保健操的音乐。孩子们依然沉浸在书里，手中的书不舍地放下，思绪却依然在书中的世界里遨游。我什么也没说，放下手中的书，轻轻地摘下眼镜，和孩子们一起做眼保健操。有几个孩子惊诧地叫了一声，但很快就安静了！也许是因为，他们发现了他们的老师有一双美丽的眼睛藏在眼镜的后面；也许是因为，他们发现了他们的老师原来不用呵斥也如此有号召力；也许是因为，他们发现了他们的老师认真读书和做眼保健操的样子很可爱……太多的也许，我没有时间去猜想，但我感受得到当时那种浓浓的、甜蜜的味道……

眼保健操从第一节继续往下一节，教室里除了那轻快悠扬的节奏音乐外，我观察到，还有孩子们向上扬起的嘴角，丰富的表情变化，我猜想，他们一定是与书中的人物一起去闯荡，一定还在书中的世界里奔跑……

在我的带动下，全班很静很静！我多么希望这时间再长一些，让他们的思绪飘飞得更远一些。我突然发现，思绪飘飞的何止孩子们？

"五六七八"音乐结束了，当我还在遐想中，还没有回过神来时，一群小可爱早已涌到我的身边。孩子们大声地喊着我，一个比一个更着急，"老师，老师，我刚刚看到了五颜六色的麋鹿，做眼保健操时，我还和它们在森林里玩呢，可开心了！""陈老师，我刚刚仿佛在宇宙里遨游，看到了很多奇幻的物品，真是太有趣了！""陈老师，我有点难过，书中的小公主受伤了，没有人去帮她，我好想去帮帮她呀！"……听到孩子们这样的分享，其实我自己刚刚也沉浸在书中，透过儿童的视角，自己再去读这些作品，那种想象与回忆在不经意间慢慢浮出，也在脑海当中呈现了自己的童年生活，田野间的嬉戏，小河沟里的鱼虾还在自由自在地游着，我的羊角辫还在，我的秋千还在那柳树下荡着，画面是那般的明晰。从生活走向书本，再从书本走向生活，这份"真"从小一路走来，未曾改变。从孩子们的表达里，我知道那份"真"来了，师生之间这"真"的传递来了，这时的我还没有戴上眼镜，眼前的一切有点模糊，不知道是因为自己本身的近视，还是因为孩子们带给我的感动，或许是我也感动了自己。我很想对孩子们说：我亲爱的孩子们，今天，你们的老师摘下了眼镜，在这朦胧中看到的你们更美！

阅读，让我走进新的世界，让我走进孩子的世界。孩子，我想陪着你们走，以同样的步调和情感，与你们一起走过你们自己发现的那些秘境……

小幸福

乘着和煦的阳光走进校门，一股淡淡的桂花清香扑鼻而来！我深深地吸了一口气，淡定地笑着自言自语：那两棵桂花树又在吐露它的芬芳了……

这时，一张张可爱的小脸蛋不时地向我问好："老师早上好！"在回应他们的同时，我才发现自己笑得也很灿烂！

我迈着轻盈的脚步，走进了那幢还散发着泥土气息的新教学楼，感觉真好！不知不觉中来到了我们班教室门口，孩子家长的招呼声，使我本不平静的内心涟漪此起彼伏！随着铃声响起，我和孩子们一起打开了微微散发着油香味的新课本，美美地诵读着。在我范读结束的时候，那群可爱的小家伙竟不约而同地鼓起了掌。在孩子们的鼓励下，我教学的智慧不时涌现，整节课如行云流水！全班同学在这种神奇的感染下，也一个个兴味盎然地感受着"黄山奇石"的奇特秀美！感受着优美的语言文字对自己的熏陶！

40分钟，我与孩子们用眼神、用动作、用语言交流着，那样和谐、那样融洽……

不知不觉中，铃声响了，从他们那灿烂的笑容里，我知道孩子们今早收获了！下课时，一个个可爱的小家伙还围着我说这说那！那一刻，一种无以言表的幸福传遍全身，这种能让孩子们在轻松快乐的氛围下自主学习的感觉，真的很让我满足！

在我眺望操场的那一刻，看到一群群可爱的小家伙在属于他们的乐园里尽情地欢笑玩耍！在静静地看着他们的同时，我又一次甜甜地笑了，心里由衷地感慨："我可爱的小家伙们，你们快乐，我就幸福！"

这首小诗，送给你们：

小蜜蜂

旗帜飘飘

迎着朝阳

小蜜蜂前往它的欢乐堂

蓝天之镜

映射出它的斑斓模样

飞舞着来到石阶之上

苔痕碧绿

依然来来往往

桂花浓香

激动地振动翅膀

把蜜藏在不知晓的地方

铃声响起

它飞到师者的课堂

簇拥着师者集聚在舞台中央

急切地吐露芬芳

小蜜蜂载着小舟

从校园里扬帆起航

小蜜蜂举着火柴

点亮校园里的星空

小蜜蜂披着绿叶

装点了师者的梦乡

旗帜飘扬

这是小蜜蜂的快乐曙光

伯牙子期，家校共育

独坐窗前，手捧一杯香茗，听着《高山流水》，回想这周以来的那一组组镜头，思绪万千……

星期一早上第一节课，凝凝就无精打采地在打盹。从他茫然的双眼里，我知道，他什么也没有听进去。下课了，他一改往日的习惯，一个人静静地在亭子边坐着，手里攥着的笔似乎要被他捏碎。

我走过去，轻轻地拍了拍他的肩，他猛地回头，看见我，呆呆地立在那里。我轻轻地问："昨天晚上爸爸妈妈是不是又发生矛盾了？"他轻轻地点点头，不经意间两行泪夺眶而出……我侧过身去，将这个孩子揽入怀里……

那一刻，我就是孩子最大的依靠。

星期二晚上，我接到了龙龙奶奶的电话，说龙龙不见了（龙龙爸爸妈妈外出打工，龙龙由奶奶照看）。我赶到龙龙家，只见龙龙把被子铺开，里面放了一个枕头，貌似他已经入睡的样子，趁奶奶不注意的时候，他溜出去了。

那一晚，我们找了龙龙好久，后来在游戏机室找到了他……

星期三下午，晨晨妈妈跑到学校，找到了我，非常激动地说为什么她家晨晨在学校被"打"老师都不管。这件事我一点都不知晓，我立即行动起来，迅速联系当堂课的老师，了解了是课间在操场上发生的事；接着我联系了石头的家长，把石头和晨晨也叫来了，两人说就是课后疯玩，不小心石头打到晨晨的脸，有瘀青；然后，我带孩子去医院检查。

在检查室转弯处，我无意间听到两个小家伙的对话：

"我都给我妈说没事没事，她非要来到学校做这么一出！还说如果有什么三长两短，决不饶过你们。"晨晨无奈地说。

"晨哥呀，你们这么一做，回去我爸就会把检查费算在我头上，我又要被他们严厉地责备。"石头埋怨地说。

……

那一次，两个孩子以及作为老师的我似乎都有所思。

星期四早上第四节课是科学课，还没下课，就看见婷婷妈妈来学校，遇到了我，聊了几句。

"这么急呀？"

"必需的，陈老师！您不知道，孩子那钢琴课两百块钱一个小时，迟到是算在自己头上的嘞。"

"可是孩子上了一早上的课，中午饭都没吃，能行吗？"

"你看，我都给准备好了，待会儿在路上吃！"

"其实我觉得吧，真的可以听听孩子的意见，不要给她安排得太多、太紧，这样效果不太好！"

"陈老师，哪个孩子不是逼出来的，她不会有意见，我对她就像对上帝！"

我正想再说点什么，可下课铃响了，婷婷妈妈匆匆向前，第一个接到了婷婷……

被妈妈拉着小手的婷婷回过头来看着我，没有难过，也没有微笑。

星期五下午，我将一周完成作业情况不好的同学留下来，对他们进行查缺补漏，然后针对个别长期不完成作业的孩子进行电话回访，想请家长给予配合。

"喂，睿睿爸爸吗？我是陈老师……"

"陈老师，我在开会，不方便……嘟嘟……嘟嘟……"一阵电话忙音。

"喂，是小杰爸爸吧？小杰妈妈电话打不通，我是想和你反馈一下……"我还没说完，对方就抢了我的话。

"哦，是陈老师吧，我都给您说过了，学校就是管学生的嘛，我一天生意忙得很，您就不要打我电话啦，反正我又管不了！"说完，电话挂断了。

……

这只是一个小小的缩影，想着自己的学生，我不由得叩问："小孩子就没有自己的感受吗？父母外出务工给孩子带来的内心孤独又有谁在关注？被过度'护航'下的孩子能飞得更高吗？总是站在成人角度给予他的是真正的快乐吗？孩子的教育问题只是学校的事情吗？到底要怎样才能做到真正的回归……"

想着想着，我的视线模糊了，我似乎看到了无数个这样的孩子，他们要么目睹着父母矛盾升级的情景；要么忍受着父母不理不睬带来的如凝固了空气的家庭氛围；要么承载着父母不顾孩子的感受而一意孤行……

孩子们，我可爱的小家伙们，我想与你们一起成长，去迎接清晨的阳光，去拥抱生活中的每一个美好，在学校里快乐地阅读，快乐地成长。我陷入自我沉思，我们的教育能量应该是巨大的，但是如何把这些能量都集聚起来，使它有效地运转，用在孩子们的身上，成为我思索且想找到答案的问题。

我突然感到憋得慌，必须要释放一下，我已经迫不及待地要去找到解决这些问题的密钥。我跑到书店寻找着关于家校建设的理论书籍、案例，回到家我急切地打开电脑，一篇又一篇地阅读着家校共育的论文，凌晨1点，凌晨2点……笔记写满一页又一页……

我们都是社会中个体的人，浮于这社会中，形形色色的问题总会暴露，惶恐、失落都会相伴，但这些一定不能作为我们生活的主基调，谱曲，一定能奏响这生活之歌。我想，哲学的魅力就在于它的矛盾相对论，也就是说，有困惑就一定有解决的办法。我们遇到问题，然后去分析这个问题，最终解决这个问题，相信你一定会喜悦这"斗争"的过程。

面对存在于学校、家庭、孩子之间的各种各样的教育问题，我想，作为师者，我们唯有端正自己的心态，努力向着那朝阳，保持微笑，终究会收获属于我们自己独特的幸福……

伯牙和子期的相互融合，谱出那深入灵魂的《高山流水》；我相信，家庭和学校的相互理解与支持，定能培育新时代之下的社会主义接班人。

山花烂漫，就在此时！

释　怀

　　这已经是很久以前的故事了，但我至今仍记忆犹新——

　　记得那是五年级下学期，班上一个女同学小玉，在全班进行图书借阅还书时，没有及时归还，而是将书暂时悄悄留了下来，故事就这样发生了……

　　当天下午，学校要求各个班必须交齐所有借阅的图书，如果不按要求归还的话，将要扣班级管理分。我们班的图书从昨天收集时，就一直差一本，直到当天早上，仍然没有追踪到那本书的下落。

　　班会课上，班长举手向我报告此事。我向全班问道："是哪个孩子不小心忘记了呢？"

　　此时，教室里仍旧寂静一片。

　　正在这个时候，小露站起来，大声地说："陈老师，我知道这本书是谁拿的！"这一句话，打破了寂静的氛围，所有人将目光齐刷刷地投向小露，都在好奇地想知道答案。小露把目光投向她的同桌小玉，正要说些什么，我想打断小露，可那个名字已经脱口而出……

　　我看了小露一眼，示意她坐下。小玉面对这突如其来的指认，一下子慌了，不停地解释："我没有偷，就是没有！"看着孩子的表现，我心里已经盘算好了如何去处理这件事情。这时候，下课铃声响了！

　　这是下午最后一节课，孩子们的心早已飞回家了，我赶紧走出教室，在楼梯口等待着那两个孩子。等到了两个孩子，和我想的一样，她们都不高兴。我笑着说：小露，我相信我们班借阅的那本书一定会回来的。小玉，你说老师刚刚说得对吗？

　　两个孩子听了，似乎也同意我的这种说法，于是，我便安心地回了家。

　　晚上大约7点钟，爱人去上晚自习，家里就只有我一个人，那时我已有八个多月的身孕了。突然，电话铃响了，我接起电话，只听到一阵带着责备的声音传来："陈老师，你为什么说我的孩子偷书呀！你凭什么呀？"

"家长！请听我说……"

"我听什么听，不用给我解释！"

还没等我反应过来，他又说："你现在在家里等着，我叫上孩子的妈妈，到你家里理论一下。"

我刚要说些什么，电话那头早已挂断。

我立在原地，手里拿着的电话不知道要放在哪里，就这样一直拿着，泪水不自觉地涌出来……

我的心里挺委屈，很不是滋味。我把电话放下，又拿了起来，然后拨通了爱人的电话。我在家里一边耐心地等待，一边细细地回想，到底是哪个环节出了问题。这一家子终于还是没有来……我委屈着，难受得翻来覆去睡不着……

第二天一早，孩子的妈妈陪着孩子过来，在操场上遇见了我。当时我说："小玉妈妈，昨天晚上小玉爸爸说要来家里处理问题，可是到最后都没有等到你们的到来。关于孩子的教育问题，昨天我也是想和你们谈谈的。"

小玉妈妈说："陈老师，实在不好意思，小玉爸就是那个脾气。小玉回家之前他就已经喝了很多的酒，小玉的几位同学经过我家门前时，大声地朝着门里边喊：'你家小玉是个小偷，她偷了我们学校的书，被陈老师知道了！'所以，小玉的爸爸听到同学们这样说自己的女儿，心里边很不是滋味，趁着酒劲就给你打电话了，把内心的不悦全都发泄在老师您的身上。"

小玉妈妈一直在向我表达歉意，我对她说："上课铃声响了，先让孩子进教室吧！"于是，我和孩子一起进去了。

事情虽然就这样平静下来，但是我感觉似乎有什么问题还没有解决，无关自我，事关孩子的教育问题我必须要去处理。所以，当天下午，把所有的课都上完以后，我单独留下了小玉。我给她一个本子、一支笔，然后告诉她说："孩子，现在只有我们两个，从一年级到五年级，这五年的时光，相信老师是一个什么样的人你应该很清楚，我相信这份信任在我们彼此之间还是有的，所以，我相信你一定能够把昨天发生的事情如实地记录下来。"

办公室里静静的，能听得见笔画在纸上的声音。大约过了十分钟，孩子洋洋洒洒地写下了昨天发生的事情的前因后果，一幕幕全部跃然纸上。我很感动，因为孩子做回了真实的自己。

我说："感谢你，感谢一个真实的小玉。"我看着孩子，她眼里忐忑的眼神不见了，有的是自然、明澈，如一汪春水，美丽动人，还有一种坦诚、憨厚的可贵！

忘不了

时光荏苒，但回头细数，和孩子们相处的那一个个瞬间仍让我无法忘怀，今天想起，仍是那样清晰、那样温暖、那样幸福。

忘不了，在秋天的时候，自己的嗓子总会沙哑，也许是不会用嗓子，也许是真的累了，但当走进教室，有热气腾腾的白开水和那夹着"陈老师，一定要好好保护好嗓子"字样纸条的"金嗓子"时，冒烟的嗓子似乎清凉了许多……

忘不了，在课间时伏案批阅作业，一转头，身边总是围着一群"小不点"，给你一会儿说这，一会儿聊那，更有甚者，有些调皮的家伙美其名曰给你按摩，却在你不注意的时候使劲一锤，足足可以让人尖叫，然后身后却是一片哗然……

忘不了，在学校运动会上，因为小家伙们的表现太棒，居然忘记自己还挺着个大肚子，也跟着叫着跳起来，好像是不小心动了胎气，肚子一下子疼起来，在赛场上的小家伙们竟放弃比赛，跑回来看我……

还忘不了，毕业前的最后一节课，那天，我照例按自己的安排上课，可学生一个个都不听，他们说：陈老师，您还没有上够吗？今天这节课，我们不上了，聊天吧！

好吧，聊天，那一个个镜头，那一个个瞬间，我们时而高兴，时而感叹，时而遗憾，时而惋惜……

"……月亮困了，眨着眼睛；星星倦了，钻进云层！亲爱的老师，还在为咱操心……"不知什么时候，班长已将我最爱听的歌放出，全班跟着唱了起来。

声音越来越小，越来越低，好像有抽泣的声音……这声音，渐渐地，渐渐地浸入每个人的心灵……我突然转过身去，面向黑板，任那幸福温暖的泪水流个够；而讲台下，早已一片啜泣……

后来，铃声响了，我不知要用"终于"还是"终究"去形容这铃声的到来，但我记得孩子们一个都没有动，是我先离开了教室……